SHANGHAI
HUI ZHAN YE
FA ZHAN
BAO GAO

上海会展业发展报告

(2021)

名誉主编 / 陈先进
主　　编 / 桑敬民
副 主 编 / 屠建卿

ANNUAL REPORT ON THE DEVELOPMENT OF SHANGHAI CONVENTION AND EXHIBITION INDUSTRY (2021)

上海科学技术文献出版社
Shanghai Scientific and Technological Literature Press

图书在版编目（CIP）数据

上海会展业发展报告．2021/ 桑敬民主编．—上海：上海科学技术文献出版社，2021
ISBN 978-7-5439-8305-2

Ⅰ．①上…　Ⅱ．①桑…　Ⅲ．①展览会—产业发展—研究报告—上海—2021　Ⅳ．① G245

中国版本图书馆 CIP 数据核字 (2021) 第 060268 号

责任编辑：祝静怡
封面设计：袁　力

上海会展业发展报告（2021）
SHANGHAI HUIZHANYE FAZHAN BAOGAO (2021)
名誉主编　陈先进　主编　桑敬民　副主编　屠建卿
出版发行：上海科学技术文献出版社
地　　址：上海市长乐路 746 号
邮政编码：200040
经　　销：全国新华书店
印　　刷：常熟市人民印刷有限公司
开　　本：720mm×1000mm　1/16
印　　张：9.75
字　　数：125 000
版　　次：2021 年 6 月第 1 版　2021 年 6 月第 1 次印刷
书　　号：ISBN 978-7-5439-8305-2
定　　价：68.00 元
http://www.sstlp.com

编 委 会 名 单

序　言

谋创新　谋未来

浩荡东风再起，明媚春光依旧。

2020年，上海市会展业面对严峻复杂的国内外经济环境，特别是新型冠状病毒肺炎（以下简称"新冠"）疫情的严重冲击，在上海市商务委员会等主管部门的指导下，积极应对挑战，复展复工，创新服务模式，在不利的条件下展示出上海会展业磅礴的生命力和不屈的精神，以及对创新服务的坚定信念。

2020年6—12月，上海共举办各类展览活动550个，举办总面积1 108万平方米，全年举办规模超过10万平方米的展会25个（其中30万平方米以上展会2个）。展会数量和规模在全球主要会展城市中位列第一，上海会展业交出了一份靓丽成绩单。其中，举世瞩目的第三届中国国际进口博览会（以下简称"进博会"）展览面积36万平方米，比第二届扩大近3万平方米；参展的世界500强和行业龙头企业274家；累计意向成交726.2亿美元，比第二届增长2.18%。

新冠疫情也催生了新型会展服务模式，推动了线上线下加速融合，5G、人工智能、大数据等新技术得到了广泛应用，云直播、云展会等新模式成长壮大，为会展业的创新发展注入新的活力。

以一年为一个刻度来标记上海市会展业的不凡历程、衡量国际会展之都建设的进展状况，及时总结提高，为蓬勃生长的上海市会展业指明发展方向，这是编写《上海会展业发展报告（2021）》的初衷。

本书以上海市商务委员会顾军主任的文章为开篇，阐述上海市政府及相关主管部门积极应对疫情挑战，2020 年上海会展业发展好于预期。2021 年是“十四五”开局起步之年，上海会展业要主动服务浦东高水平改革开放和虹桥国际开放枢纽建设，推动会展业高质量发展。本书也梳理了上海会展人走过的这不平凡的一年，记录了上海市会展行业协会在市商务委员会等主管部门的指导下，带领全体会员单位，积极统筹应对挑战，建立和完善常态化抗疫前提下的安全办展机制，展现上海担当的全部历程。

2021 是“十四五”的开局之年，上海已明确将在“十四五”期间全面建成国际会展之都。为落实《上海市会展业条例》，2021 年 1 月 28 日，上海市商务委员会发布《上海市会展活动备案暂行管理办法》。上海会展业的营商环境继续得到优化。

上海会展业也将通过大数据新技术的赋能，加快推进会展业转型升级和创新发展，促进线上线下办展融合发展以及培育线上展会龙头企业和品牌展会，为上海会展业的阔步发展提供新的动力源。

2021 年，我们携手走进会展业“数智化”的春天。

上海市会展行业协会党委副书记、会长

2021.2.5

（本书的编制得到了上海西虹桥商务开发有限公司的大力支持，在此，表示衷心地感谢！）

目录

形势篇

协会工作篇

“十四五”寄语

交 流 篇

形　势　篇

积极应对疫情挑战
推动会展业高质量发展

上海市商务委员会主任　顾　军

2020 年,新冠疫情给全球会展业带来了较大的冲击。据国际展览协会(UFI)预计,全年国际展览市场规模比 2019 年萎缩近 70%。面对挑战,上海市各会展市场主体在市委、市政府的坚强领导下,凝心聚力、共克时艰,统筹疫情防控和复工复展,推动会展业高质量发展,各项国际会展之都建设工作推进扎实、平稳、有序。

一、2020 年上海会展业发展好于预期

一年来,上海市会展业积极应对疫情影响,行业发展成绩好于预期。

主要特点有：一是国际化水平继续提高。全年共举办国际展 181 个，展览面积 874 万平方米，占全市展览总面积的 78.9%，国际展占比较上年提高了 1.5 个百分点。二是品牌化效应凸显。2020 年《进出口经理人》杂志发布的世界百强商展名单中，上海有 14 个展会入选，入榜展会数量在世界主要会展城市中继续位列第一。举世瞩目的第三届中国国际进口博览会展览面积近 36 万平方米，比第二届扩大近 3 万平方米，再次入选世界百强商展。三是重启后快速反弹。上海市会展业自 2020 年 6 月重启，重启后到年底全市举办展会面积 1 067 万平方米，恢复到上年同期的近 90%；25 个 10 万平方米以上展会均在下半年举办，下半年举办大展数量与 2019 年同期持平。四是两大馆规模领先。国家会展中心和新国际博览中心办展面积分别为近 430 万平方米和 380 万平方米。两大展馆办展面积之和达到全市展览总面积的 80%。

二、全面推动会展业高质量发展

2020 年，上海会展业建设围绕“十三五”发展目标，优化行业营商环境，积极应对疫情影响，抢抓进博会机遇赋能城市发展，创新展会服务模式，深化开放合作，不断推动会展业高质量发展。主要做了以下工作。

（一）出台全国首部会展业地方立法

2020 年 5 月 1 日起，全国省级行政单位中首个会展业地方性立法——《上海市会展业条例》（以下简称“条例”）正式实施。为贯彻落实《条例》，市商务委会同相关部门制定并发布了《参展合同》《场租租赁合同》等合同示范文本和《上海市会展活动备案暂行管理办法》；推动上海市会展业公共信息服务平台全面对接上海市“一网通办”政务服务平台；指导会展行业协会与市律师协会等单位签署合作协议，为全市会展行业提供专业法律支持。

（二）积极应对疫情影响

疫情期间，市商务委指导市会展行业协会出台了《上海市会展行业新冠肺炎疫情防控指南》。会同市公安局、市卫健委，共同转发国家三部委《关于展览活动新冠肺炎疫情常态化防控工作的指导意见》，落实“预约、实名、限流”的防控要求。会同市财政局，追加部门预算 2 000 多万元，对受疫情影响但仍延期在年内举办的展会给予财政支持，67 家企业的 98 个展会享受了支持政策。

（三）充分发挥进博会溢出效应

全市贯彻落实《关于放大中国国际进口博览会溢出带动效应的实施方案》成效显著。首创了“拥抱进博 · 享购全球”2020 上海进口商品节，推出了 1.4 万款优质进口商品，带动进口商品销售超过 9 亿元。在第三届进博会期间，成功举办第二届城市推介大会。李强书记莅会致辞，龚正市长作主旨推介，乐高乐园、阿斯利康全球研发中心等 11 个高能级项目签约落地。

（四）鼓励创新展会服务模式

坚决贯彻党中央、国务院关于创新展会服务模式的要求，积极推动会展业双线融合发展。2020 年 5 月，上海市贸促会与阿里巴巴集团成立合资公司——云上会展有限公司，搭建全新公用线上基础设施“云上展馆”平台，全年有近 20 个展会上线运行。此外，2020 云上中国自主品牌博览会等线上展会成功举办，中国国际家具展等 10 多个知名商业展会在办好线下展会的同时，推出了高水平的线上展会。

2021 年是“十四五”的开局起步之年，上海会展业将主动服务浦东高水平改革开放和虹桥国际开放枢纽建设，着力发挥资源配置、创新策源、产业引领的平台功能，为将上海打造成为市场机制更加成熟、会展企业更有活力、品牌展会更加集聚、更具全球影响力的国际会展之都而努力。主要将从以下几方面开展工作。

一是持续放大进博会溢出带动效应。以虹桥国际开放枢纽建设为抓手，进一步做强各类平台载体，推动展品变商品、参展商变投资商、采购商变贸易商、政策变制度，积极推动总部经济发展、高能级国际组织和机构集聚，助力上海高水平对外开放。二是全面提升展会项目行业引领地位和国际影响力。聚焦顶级会展品牌，整合现有资源要素，培育、壮大和引进国际知名、行业龙头展会项目，构建以战略性新兴产业为主体、先进制造业和现代服务业为支撑的高端展会项目体系。三是集聚高能级会展市场主体。提升国际化水平，通过收购、兼并、融资、引才，做强行业龙头企业，打造具备亚太地区乃至全球竞争力的会展龙头企业。四是推动展会服务模式创新。加快推动线上会展公共基础设施建设，推动本土展览企业与知名互联网企业、云服务企业加强合作，培育新型展会服务平台，推动线上线下融合发展，在智慧会展、绿色会展等领域，持续推动展会服务模式创新。

上海会展业要在市委、市政府的坚强领导下，立足新发展阶段，贯彻新发展理念，服务新发展格局，全面落实《上海市会展业条例》，充分发挥会展业贸易促进、技术扩散、产业联动和经济集聚等方面的功能，确保“十四五”开好局、起好步，为全市经济持续健康发展做出更大贡献。

新起点　新谋划
打造国际会展之都重要承载区

上海市青浦区商务委员会

“十三五”期间，青浦区深入贯彻两大国家战略，长三角生态绿色一体化发展持续推进，中国国际进口博览会（以下简称“进博会”）服务保障工作圆满完成，初步构建了以战略性新兴产业为引导、先进制造业为支撑、现代服务业提速发展的“三大二高一特色”主导产业发展体系。作为“十四五”开局之年，2021年青浦区将继续做强做实大会展产业平台，以打造“国际会展之都”重要承载区功能为目标，加快形成产业集中集聚效应，塑造具有全球影响力的会展经济新典范。

一、坚守底线，落实疫情防控不放松

新冠肺炎疫情背景下会展业受到剧烈冲击，根据《商务部、公安部、卫生健康委关于展览活动新冠肺炎疫情常态化防控工作的指导意见》（商服贸发〔2020〕137号）以及《上海市会展行业新冠肺炎疫情防控指南》等文件规定，及时出台《青浦区关于展览活动新冠肺炎疫情常态化防控工作的实施方案》，形成了部门联动的复展机制，开展展会评估工作。青浦区自2020年7月1日复展以来，全年共举办展览活动44个（除进博会），展览总面积428.8万平方米，观展近300万人次，实现了安全生产零事故，疫情防控零报告。

疫情防控常态化下，2021年青浦区将持续做好展会评估工作，聚焦展前筹备、展中观展、展后撤展、应急处置等多方面内容，落实“一展一策”要求，严格防控主体责任，有序推进展览活动举办等工作，特别是对于汽车展等特大型展览活动，加强统筹和指导，确保展会活动安全可控。

二、规划先行，打造会展特色产业园

随着上海市会展行业协会的入驻，青浦区正聚焦大会展产业，依托两大国家战略优势，着力优化营商环境，加快产业集聚。作为进口博览会的永久主会场所在地，青浦以国家会展中心（上海）为核心区域、全面提升安保、交通、住宿、餐饮、消费、窗口服务等服务保障水平，进一步提升会展业的贸易便利化水平，聚力打造上海会展新名片。

“十四五”期间，青浦将在西虹桥地区打造具有代表性的会展产业特色园，继续招引和培育会展产业链企业，大力推进会展产业园建设，不断提升会展服务能级。同时重点加快西虹桥及周边地区会展服务配套建设，强化会展核心产业链中展览主办、会展场馆、配套服务能力，做强产业链，实现产业集聚化、规模化、品牌化。

三、政策引领，聚焦经济发展新动能

2020 年青浦区成功引入了云上会展有限公司，逐步打造全球领先的云上会展数字化智能平台，5 月 7 日启动云上会展平台首展 2020 新车“云发布”，创新展会服务模式，目前云展公司已承接婚纱展、上海书展等一系列线上展会，打造线上线下融合的云上会展新业态。而上海市国际贸易促进委员会（以下简称“上海市贸促会”）下属国际展览公司也已落地，包括前期引入的英富曼、中贸美凯龙等公司，青浦正成为越来越多会展龙头企业的选择地。

为进一步加大会展产业支持力度,加快会展产业集聚,自 2016 年起青浦就对会展产业给予扶持,也是少数对会展产业进行扶持的区域。“十四五”期间青浦将继续发挥政策导向作用,加强本土会展企业的培育,增强区内企业办展的积极性,鼓励建设智慧场馆,引领产业更好的发展。

四、联动协同,推进产业建设一体化

青浦以国展中心为核心,以绿地全球商品贸易港为承载主体,打造大虹桥地区精品购物旅游线路,并形成了展览展示、交易展示、特色产业及夜间经济 4 条对接进博会特色参观路线。借助进口博览会等重大展览活动,青浦进一步串联区域文化、旅游、商业、体育等各类资源,促进“会商旅文体”联动发展。

作为长三角一体化发展核心区,青浦将进一步发挥长三角会展联盟的资源优势,加强信息互动、平台搭建、渠道通畅,推动会展业长三角一体化建设。

疫情防控和经济发展两手抓
全面推进会展经济高质量发展

上海市浦东新区会展业促进中心

2020 年，注定是不平凡的一年，是全面建成小康社会和“十三五”规划收官之年，也是浦东开发开放 30 周年。受新冠疫情影响，2020 年浦东新区会展行业发展受到较大冲击，在市、区相关部门的大力支持与指导下，浦东新区于 2020 年 6 月底开始复工复展。2020 年浦东新区全年共举办各类展览及活动 138 个，展览面积 503.4 万平方米，同比减少 46.6%，占全市总量的 45.4%；其中，10 万平方米以上大型展览 10 个，5 万 ~10 万平方米展览 17 个，2 万 ~5 万平方米展览 42 个，2 万平方米以下（不含 2 万平方米）展览 69 个。虽然展览活动举办数量及规模较上年明显下降，但浦东新区全力推进疫情防控和经济发展两手抓，做好“六稳”工作、落实“六保”任务，加快会展业恢复振兴。2020 年浦东新区会展业发展特点主要有如下几点。

1. 创新会展服务模式，促进线下、线上融合互补

受疫情影响，上半年会展活动暂停，对会展企业生产经营影响较大。根据企业需求及实际情况，在市区商务委的支持下，我中心积极鼓励、帮助企业创新会展服务模式。例如，华为公司每年 4 月份要举办春季新品发布会，发布手机、可穿戴式设备等全球畅销电子产品。受疫情影响，华为公司 2020 春季新品发布会改为先录制后线上发布的形式，我中心积极帮助企业，牵头协调新区相关单位就发布会录制事宜协调落实，对场地及录制现场疫情防控方案进行完善，督促录制现场严格落实疫情防控措施，确保了

活动安全进行。

此外，在下半年复工复展后，美容展、家具展览会等多个品牌展会在办好线下展会的同时，推出了高水平的线上展会，方便境外展商参与展会。

2. 扎实有序开展新区复展工作

根据市商务委 2020 年 5 月 11 日《上海市商务委员会关于统筹做好举办会展活动和疫情防控工作的通知》，我中心积极协调区公安局、卫健委、新国际博览中心、世博展览馆等相关单位，成立区复展工作组，组织多场展览疫情防控培训与模拟演练。根据《商务部、公安部、卫生健康委关于展览活动新冠肺炎疫情常态化防控工作的指导意见》及市相关部门要求，我中心积极协调区防控办、卫健委等相关单位，于 9 月份开始对浦东新区举办的展览活动出具评估意见，严格执行“一展一策”，落实“信息必验、身份必录、体温必测、消毒必做、突发必处”的“五必”要求，压实防控主体责任，确保防控措施到位。

针对 Chinajoy、家具展、浦东车展等人流量较大及重要的会展活动，我中心积极会同相关部门，加强现场安全及防疫检查，召开协调会，并在展会期间安排专人现场办公，及时处理可能出现的突发问题，确保活动的安全举办。

3. 强化安全意识，举办多场安全生产培训

结合季节转换、疫情防控常态化等客观形势，为迎接第三届进博会，进一步加强重点场所及大型活动的安全生产工作，强化安全意识，提升浦东新区会展服务水平，我中心于下半年先后联合新区消防支队、新区市场监管局等相关单位，围绕布展设计消防安全要点、传染病流行期间餐饮服务单位食品安全操作等内容举办专题培训。新区主要场馆于 9 月份起实施安全生产隐患排查及整改日报制度，加强安全隐患排查与整改，为新区主要场馆及会展活动的安全生产工作提供了有力保障。

2021 年是中国共产党成立 100 周年的重要日子，我们即将迎来第一

个百年奋斗目标的实现，迎来“十四五”重要开局，迎来浦东而立再出发的新起点。浦东新区会展业面对新趋势、立足新起点，按照总书记在浦东开发开放30周年庆祝大会上的重要讲话精神，围绕“打造国内大循环的中心节点和国内国际双循环的战略链接”的目标，增强全球资源配置力，深入贯彻落实习近平总书记的重要讲话精神，按照区委区政府的全面部署，抓住机遇、突破攻坚、系统推进，全面推进会展经济高质量发展。

（1）高质量推进会展精准招商。加强宣传营商环境与会展资源，放大进博会等重要展会的招商溢出效应，推动参展商变投资商，引进品牌会展项目。加强与全球会展机构及国内知名商会、协会合作，精准发掘招商目标，实现专业化、精准化招商。在国内外会展业的疫情后恢复阶段内，引进一批符合新区重点产业发展方向的会展项目。综合运用服务、政策、制度创新等措施，优化重大项目“一事一议”工作机制及流程，突出精准性和灵活性，完善招商、稳商快速反应机制。

（2）继续做好疫情防控和安全管理。做好常态化防控形势下的会展疫情防控工作。积极会同区防控办、公安、卫健委等部门，严格按照国家相关部委、市及新区关于会展活动的防控文件要求，督促场馆方、主办方做好会展活动的疫情防控工作以及安全生产自查和隐患排查。

2020 年上海会展业发展情况分析

上海市会展行业协会秘书处

2020 年,上海会展业积极应对新冠疫情挑战,统筹疫情防控和复工复展,持续推动全市会展业高质量发展。

一、 2020 年上海会展业发展总体情况

受新冠疫情影响,上海市各类展览活动举办数量及规模较上年明显下降,会展行业发展受到较大冲击。挑战面前,全市会展行业顾全大局、迎难而上。一方面,各会展企业严格落实国家和上海市出台的各项防控要求,牢牢守住安全底线;另一方面,市政府相关部门推动出台全国省级行政单位首部会展业地方立法——《上海市会展业条例》、推出抗疫专项扶持资金、加强企业服务等不断优化营商环境。在不利条件下,全市会展业仍然不乏亮眼表现。

虽然因疫情防控要求,上半年全市会展业几乎完全停摆,但是自 6 月底复展以来,行业迅速复苏,下半年规模恢复到上年同期的近 90%。据统计,2020 年全市共举办各类展览活动 550 个,同比减少 47.27%;举办总面积 1 107.79 万平方米,同比减少 42.95%。

(1) 从项目类别分析。2020 年全市举办国际展 181 个,同比减少 41.62%,展览面积 873.72 万平方米,同比减少 41.86%。举办国内展 258 个,同比减少 47.99%,展览面积 166.76 万平方米,同比减少 38.86%。举办活动 111 个,同比减少 53.17%,举办面积 67.31 万平方米,同比减少59.53%

（表 1，图 1）。

表 1　2020 年上海举办展会活动情况表

项　目	举办展会活动的数量与规模	同比增减/%
总　计	550/个	−47.27
	1 107.79/万平方米	−42.95
国际展	181/个	−41.62
	873.72/万平方米	−41.86
国内展	258/个	−47.99
	166.76/万平方米	−38.86
活　动	111/个	−53.17
	67.31/万平方米	−59.53

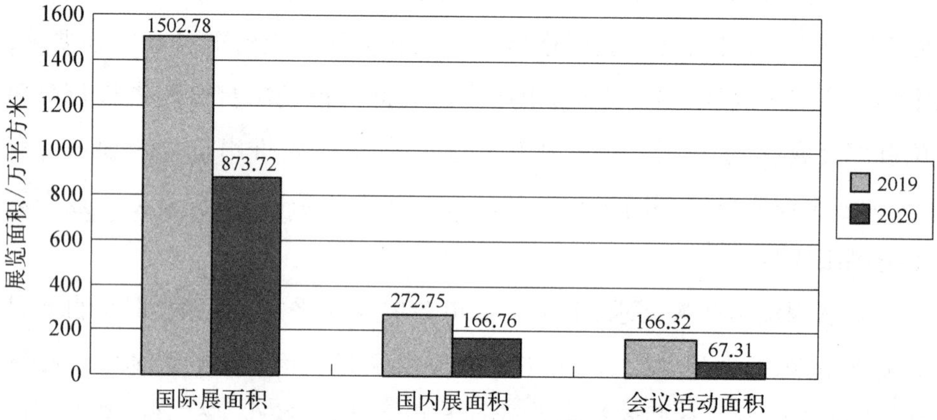

图 1　上海 2019、2020 年展会活动面积比较

（2）从项目规模分析。2020 年上海举办的展会活动中，1 万平方米以上的项目 193 个，总展出面积 968.67 万平方米。其中规模超过 5 万平方米的项目 53 个，展出面积 677.56 万平方米，面积占比达 61.16%（表 2，图 2）。

表 2 2020 年上海举办展会活动按规模统计表

规模/万平方米	数量/个	数量占比/%	面积/万平方米	面积占比/%
1 以下	357	64.91	139.12	12.56
1~3	116	21.09	196.57	17.74
3~5	24	4.36	94.54	8.53
5~10	28	5.09	203.76	18.39
10~30	23	4.18	405.41	36.60
30 以上	2	0.36	68.39	6.17
总计	550	—	1 107.79	—

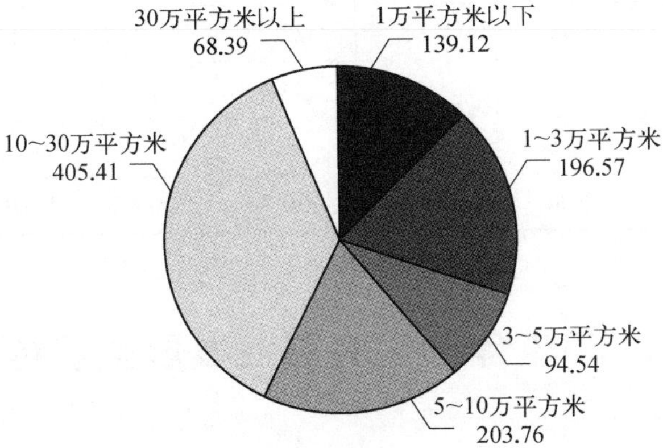

图 2 2020 年上海展会活动规模比例图

（3）从举办场馆分析。受疫情影响，直到年中展会活动才逐步恢复，2020 年上海九大主要展览场馆举办展览会（不含活动）306 个，总展出面积 1 005.64 万平方米，数量和规模都比上年减少了 40%。其中上海展览中心受影响最大；新国际博览中心、国家会展中心和世博展览馆等场馆虽然下半年的出租率已接近甚至超过上年同期水平，但全年来看，仍无法避免地有较大的减少；汽车会展中心和农业展览馆全年项目不多，档期相对自由，受影响较小，展出面积还略有提升（表 3）。

表 3　上海九大主要场馆 2019、2020 年办展情况比较表（不含活动）

展　馆	展会数量/个			展出面积/万平方米		
	2020 年	2019 年	同比增减/%	2020 年	2019 年	同比增减/%
新国际博览中心	83	138	−39.86	383.86	743.73	−48.39
国家会展中心	44	49	−10.20	428.82	570.28	−24.81
世博展览馆	56	77	−27.27	107.17	186.36	−42.49
光大会展中心	61	106	−42.45	39.82	63.31	−37.10
上海展览中心	18	61	−70.49	11.55	54.51	−78.81
跨国采购中心	13	31	−58.06	10.23	25.26	−59.50
世贸商城	17	22	−22.73	8.76	13.25	−33.89
汽车会展中心	8	6	33.33	11.77	10.6	11.04
农业展览馆	6	18	−66.67	3.66	3.54	3.39
总　计	306	508	−39.76	1 005.64	1 670.84	−39.81

二、2020 年上海会展业发展呈现特点

1. 国际化、品牌化发展成效显著

2020 年《进出口经理人》杂志发布的世界百强商展名单中，上海入榜的展会数量有 14 个，举办面积达到了 324 万平方米，同比增加了 16.8%，入榜展会数量和规模在全球主要会展城市中位列第一。

全年共举办国际展 181 个，展览面积 874 万平方米，占全市展览总面积的 78.9%；国际展占比较上年提高了 1.5 个百分点。举世瞩目的第三届中国国际进口博览会展览面积近 36 万平方米，比第二届扩大近 3 万平方米；参展的世界 500 强和行业龙头企业 274 家；累计意向成交 726.2 亿美元，比第二届增长 2.18%。

2. 展览规模快速反弹

2020 年 6—12 月，全市举办展会面积 1 067 万平方米，恢复到上年同期的近 90%；25 个 10 万平方米以上展会均在下半年举办，下半年举办大展数量与 2019 年同期持平。第三届中国国际进口博览会和 2020 中国国际工程机械、建筑机械、工程车辆及设备博览会两个 30 万平方米以上大展均于 11 月成功举办。

3. 线上线下展会有机融合

上海市国际贸易促进委员会与阿里巴巴集团联合推出“云展平台”，全年有近 20 个展会上线运行。第二十五届 CBE 中国美容博览会、第二十六届中国国际家具展览会等 10 多个重点展会在办好线下展会的同时，推出了高水平的线上展会，组织境外展商通过“云洽谈、云签约”等方式参与展会，积极开展展会服务模式创新，提高展会数字化水平。

三、 疫情后的首展案例

1. 2020 SEMI 国际半导体设备、材料、制造和服务展览会

SEMICON China 由中国电子商会和 SEMI 主办，1988 年首次在上海举办，见证了中国半导体制造业茁壮成长。

虽然 2020 年各行业都因新冠疫情受到严重打击，SEMICON China 仍克服困难于 6 月 27—29 日在上海新国际博览中心隆重举行。

SEMICON China 2020 不仅是 2020 年电子半导体行业首展，可谓是半导体产业复苏的象征性指标，也是 2020 年上海大型专业展会的首展，象征着上海及中国在控制疫情的同时，经济复苏，稳步向前。

该届展会展览面积达 80 500 平方米，913 家展商，3 493 个展位，覆盖了芯片设计、制造、封测、设备、材料供应商等全产业链。

为了扩大国内外产业界的参与，该次展会首次引入线上直播，部分国外讲师通过连线方式进行了云分享。

该届展会采取了严谨完善的防疫防护措施，搭配先进验证核查设备，确保所有与会者在安全的环境下商洽交流。

2. 2020 CME 中国机床展

2020 CME 中国机床展由商务部外贸发展事务局主办，于 7 月 4 日在上海虹桥国家会展中心圆满落幕。来自全球 1 300 余家品牌企业参展，展出面积达 13 万平方米。

以“服务中国制造企业”为宗旨，以“为强大中国制造而生”为使命，CME 顺应中国制造业的发展大势，依托长三角庞大的市场需求和上海得天独厚的经济地位，为全球先进制造业搭建了集设备展出、机器采购、技术交流及制造体验为一体的商贸平台。

为期 4 天的展会共吸引专业观众 118 731 人次到场参观采购，含来自日本、德国、马来西亚、韩国、新加坡、巴基斯坦等 12 个国家和地区的海外观众。

特殊时期下，主办方也做足了准备和预案：实行网上预约登记、实名认证，现场配备医疗车、防疫物资，设立临时隔离点，合理安排进、出馆路线，确保了参展、观展环境的安全便捷。

3. 慕尼黑上海电子展系列

2020 年 7 月 5 日，作为上海国际信息化博览会旗下组成部分，“慕尼黑上海电子展”“慕尼黑上海电子生产设备展”“慕尼黑上海光博会”和“中国（上海）机器视觉展暨机器视觉技术及工业应用研讨会”在延期近半年后，于国家会展中心（上海）圆满闭幕！

由于年初突发的新冠疫情，上海市政府启动了重大突发公共卫生事件一级响应，中央和地方政府均采取了严格措施以预防和控制疫情的进一步发展。原定于 2020 年 3 月 18—20 日在上海新国际博览中心举办的“慕尼黑上海电子展”系列展会确定延期举办。在疫情发生前，4 个展会的招募面积已达 17 万平方米，包含 11 个室内展馆和 9 个室外帐篷馆，海内外观众超 17 万名。

在上海市经济和信息化委员会、上海市浦东新区人民政府的指导和大力支持下，在国家会展中心（上海）对展会的鼎力相助下，主办方慕尼黑展览（上海）有限公司重新定于 2020 年 7 月 3—5 日在国家会展中心（上海）举办，四展联合展示面积仍旧达到了 16 万平方米，共吸引 2 192 家展商，接待了 138 261 名电子行业专业观众莅临现场参观。

同期举办了 20 场大型论坛，活动涉及汽车、工业、医疗、智能制造、机器视觉、激光加工、激光雷达等话题，167 场论坛报告共吸引 4 678 名听众参与讨论。

在特殊时期下举办的展会，主办方也提前做好了充足的准备，实施如下 8 项措施，力求创造一个安全、舒适、便捷的参展及观展环境，以保障所有现场人员的生命安全。

（1）措施一：前往展馆前完成实名注册——每位观众须通过官方预登记系统进行实名制认证、预约；在参观前做好自我健康状况监测；去过重点地区人员参展前完成 14 天隔离。

（2）措施二：展馆外围防控——国家会展中心（上海虹桥）在展馆外围 21 道门设立了人员测温点，确保进入展馆的所有人员体温正常，且正确佩戴口罩。

（3）措施三：安检区多重检查——在观众进入登记大厅后，须在安检区出示“随申码”（上海地区健康码）绿码。所有观众在经过安检机的同时，再次进行体温检查，杜绝一切体温不正常人员的进入。

（4）措施四：身份证实名进入展馆——所有人员进馆前需至入口闸机验刷身份证，验刷身份证时再次比对数据库，只有已经完成实名认证注册的观众才被允许开闸放行。

（5）措施五：防疫物资派发点——在每个登记大厅、馆内主要入口处及馆内功能区内配备免洗消毒洗手液；在每个登记大厅都设立了“防疫物资派发点”，备有充足的消毒液、一次性医用口罩和一次性手套等防疫物资。

（6）措施六：现场公共区域每日消杀——主办方会在每天对展馆内各共同功能区域做好两次消杀工作并作好相关记录。

（7）措施七：参展商配合做好展台防疫措施——要求所有参展商配合主办方做好相应的展台防疫措施，配备防疫物资、每日做好消杀防疫工作记录等。

（8）措施八：防控工作小组与应急处置预案——主办方设立了防控工作小组，并与市、区防疫小组建立沟通联系机制，做到信息及时互通。主办方防控工作小组在政府相关部门的指导与监督下，建立了应急处置流程。

协会工作篇

上海市会展行业协会工作报告

上海市会展行业协会秘书处

2020庚子年是特殊之年。这一年，上海市会展行业协会（以下简称“协会”）在党中央的统一领导下，积极贯彻落实市委、市政府以及上级党委的指示精神和要求，带领会员应对突如其来的新冠疫情，众志成城，既做好严防严控，又努力推进复工复展，充分发挥社会组织“上情下达，下情上传”的平台协调功能，为推动会展行业稳步发展做出了积极的贡献。

一、2020年协会工作

（一）携手会员积极抗疫，助力打赢防控阻击战

1. 面对疫情，协会积极主动作为

疫情发生之初，协会于1月27日发出了《致全体会员的倡议书》，倡议会展企业主动承担起“第一道防线”责任，助力打赢新冠疫情防控阻击战。此后，协会又牵头国家会展中心（上海）、上海新国际博览中心、上海世博展览馆、上海展览中心等上海四大主要场馆联合发出倡议，努力为主办单位安排更合适、更方便的档期，并提供全方位的解决方案。

2. 积极开展相关工作

秘书处积极配合市商务委等政府相关部门开展企业受损情况和金融信贷需求的调查，组织企业做好扶持政策的申报，及时组织会展企业参加市商务委的各类专题座谈会。

为此，市商务委于2月19日发来感谢信，充分肯定疫情以来协会开展的各项工作。

3. 积极反映企业诉求，有序推进复工复展

（1）疫情给会展行业带来了前所未有的颠覆性的打击，近半年的展会停摆，使得会展企业，尤其是会展服务企业承受着停工期间所产生的人工成本、房屋租金、厂房成本以及停工造成的订单交付问题、违约赔偿及银行还贷等各种压力。

为此，秘书处汇总会员受损情况，形成专报向行业主管部门反映；协会领导通过各种渠道向行业主管部门反映企业受损情况。

（2）协会桑敬民会长在参加国务院调研组、商务部王受文副部长和许昆林副市长召集的复工复产调研座谈会上，积极反映行业实际情况及复工复展的迫切呼声。

(3) 5 月初,当疫情得到控制时,协会向市商务委提出了不失时机,抓紧研究上海会展业复展的建议,并起草制定了《上海市会展行业新冠肺炎疫情防控指南》《上海会展业档期协调机制》等文件,为重启会展业发挥了积极的作用。

协会防控指南的出台,为上海市会展业复展释放出积极信号,为上海会展业、会展企业提振了信心。

(4) 举办以"疫情冲击下的展会发展新思路"为主题的线上沙龙。协会积极响应并落实党中央、国务院为推动行业加快恢复和发展的重大部署,于 5 月 25 日成功举办线上沙龙。上海市国际贸易促进委员会副会长、上海市国际展览有限公司董事长顾春霆,东浩兰生会展集团总裁陈辉峰,上海博华国际展览有限公司执行董事王明亮等行业知名企业负责人围绕创新展会服务模式,探讨线上展会的商业营运等新形势下行业发展的应对思路。该次沙龙活动得到业内人士的广泛关注,共计 37 674 人次收看直播。

(5) 主动为会员提供疫情相关的法律咨询服务,协调各方关系。防控指南出台后,各会展项目进入重启备展阶段。针对因疫情带来的主办、展商间矛盾频出情况,协会与上海市会展业促进中心、上海市律师协会会展与旅游业务研究委员会共同发起"会展业防疫义务法律咨询服务"活动,为会员单位提供法律帮助。与此同时,协会对各类投诉电话耐心疏导,引导双方互相体谅,化解矛盾。

4. 踊跃捐款支援武汉抗疫

协会党委向全体党员发出号召,自愿捐款,以一分奉献传递一分温暖,一分爱心凝聚一分力量,用实际行动践行"不忘初心,牢记使命"的宗旨。党委所属各支部党员纷纷踊跃响应,捐款活动开展不到 2 天,就收到来自 116 名党员和入党积极分子的捐款 10 876 元。

会员企业也积极行动,根据企业自身实际,向湖北武汉伸出援助之手。

副会长单位上海博华国际展览有限公司、上海欣越国际货物运输代理有限公司，会员单位欧马腾会展科技（上海）有限公司等企业组织员工开展善款募捐活动；会员单位艺搭环保科技（上海）有限公司从迪拜购回100套防护服，直接快递到湖北省恩施市中心医院。

（二）切实履行职责，想方设法做好会员服务

1. 减免会费，力所能及地为会员企业减压

疫情使上海会展业遭遇了半年的停摆，给会员企业带来了较大的资金压力。为此，协会秘书处向理事会提出所有会员减免3 300元的意见，即一般会员免缴2020年会费，经8月6日五届四次理事会审议通过后执行。据了解，协会给予一般会员免缴会费的举措，在上海社会组织中开了先河。

2. 创新沙龙活动形式

2020年因疫情原因，虽然只举办了3期沙龙，但活动形式各有特色。

第一期，响应国务院号召创新会展服务，以线上直播的形式举办了“疫情冲击下的展会发展新思路”为主题的沙龙，得到业内人士的肯定。

第二期，走进会员企业，在中国太平洋财产保险股份有限公司上海分公司举办了“疫情防控常态化下的会展服务”的主题沙龙。上海市会展行业协会、上海市律师协会、上海市会展业促进中心联合主办，市商务委会展业处、浦东新区会展业促进中心、青浦区商务委等相关政府主管部门领导出席沙龙。

第三期，我们组织了30多家理事会成员赴南京溧水，与全国省级会展行业协会联席会议第四次会议的与会代表一起进行座谈。这是疫情防控常态化以来，协会组织会员企业，走出上海与全国同行面对面交流的一次行业活动。

3. 协会会员继续助力进博会

2020年仍有70多家会员企业，如东浩兰生会展集团、国展公司、贸

促展示、欣越国际货运、中译语通、鸿量联采等成为第三届进博会服务供应商和进博会配套活动的主承办方。他们严格遵照进博会疫情防控要求，克服各种困难，胜利完成进博会筹备的各项工作。可以说，疫情防控常态化下的进博会成果斐然，圆满收官，离不开上海市会展行业企业的努力奉献。

上海市会展行业协会积极参与进博会的配套活动——中国国际公共采购论坛，与世贸组织、亚洲基础设施投资银行、新开发银行、世界银行、联合国项目事务署等单位作为联合支持单位。协会理事单位上海鸿量联采贸易服务有限公司全力以赴做好会务工作。为此，国家财政部国库司分别给我协会和鸿量联采发来感谢信。

4. 微信公众号平台积极宣传会员信息

2020 年，协会微信公众号为上海博华国际展览有限公司、上海空港旅游服务有限公司、艺搭环保科技（上海）有限公司等 30 多家会员企业推送信息，协助宣传。我们希望 2021 年有更多的会员单位投稿，协会微信公众号将继续积极为会员提供宣传服务。

5. 继续开展展示工程资质评审工作

展示工程企业资质评审继续坚持公平、公正、公开原则。2020 年已有 33 家展示工程企业通过评审。其中一级资质企业 8 家、二级资质企业 8 家、三级资质企业 17 家。

截至目前，一、二、三级展示工程资质企业分别为 80 家、59 家、47 家，合计 186 家，比 2019 年底增加了 17 家。目前，还有 33 家企业的复评以及 24 家企业的初评工作正在进行中，预计 2021 年一季度完成。

6. 开展行业培训

开展行业培训是新形势赋予协会等中介组织在行业发展中发挥更大作用的职能要求。协会与上海对外经贸大学合办的上海市会展管理专业技术水平认证（高级）培训班招生工作启动，将严格遵照防控要求适时开班。2020 年继续开展“上海市会展管理专业技术水平认证（初级）”讲解员培训班，并有 163 名学员获得会展管理初级（讲解员）水平认证证书。

7. 启动团体标准编制工作

按照国家质检总局、国家标准委有关团体标准编制的文件要求，协会已完成标准制定程序文件，并在网上完成团体用户注册工作，待全国团体标准信息平台审核通过。

（三）协助配合政府，发挥桥梁纽带作用

1. 积极配合政府做好条例宣贯工作

2020 年 3 月 19 日，《上海市会展业条例》经上海市第十五届人民代表大会常务委员会第十八次会议通过，并于 5 月 1 日起施行。协会的微信公众号、官网均对《条例》发布进行了推送；协会各出版物也都全文刊登了《条例》。同时配合条例的出台，通过举办线下沙龙、理事会等活动开展“条例”普法宣传，并与律师协会联手编制发布《参展合同》及《场馆租赁合同》示范文本。

2. 积极配合政府，及时发布疫情防控指南等信息

在市商务委的指导下，协会发布了疫情初期的“致全体会员的倡议书”、配合复工复展的“上海市会展行业新冠肺炎疫情防控指南”以及修订版、“关于进一步加强本市会展行业疫情防控工作的倡议”、配合展会安全的“上海市会展行业安全生产倡议书”、配合秋冬季防疫的“加强秋冬季疫情防控工作的提示”，以及配合塑料污染治理的“上海市会展行业限塑倡议书”等文件。

（四）长三角会展联盟、长三角会展研究院成立

2020 年 10 月 12 日，上海市会展行业协会与上海对外经贸大学共建的长三角会展研究院正式成立。长三角会展研究院的成立得到了长三角三

省一市商务部门领导、长三角合作区域办等领导的高度重视，纷纷莅临成立大会祝贺并发表讲话，并为上海市国际贸易促进委员会副会长顾春霆等19位首批长三角会展研究院的专家颁发了聘书。

当天，长三角会展联盟第一次会议成功召开。会议审议通过了《关于长三角城市会展联盟更名及相关工作的报告》《长三角会展联盟章程》，以及长三角会展联盟主席、副主席、秘书长名单，会议决定，联盟秘书处设在上海市会展行业协会。长三角会展联盟的成立，必将有利于三省一市会展行业的协会、机构、企业等更好地携起手来，优势互补、协同互助、资源共享、合作共进，在实现自身发展的同时，为助推长三角区域会展业更高质量的一体化发展做出新的贡献。

（五）发展会员情况

2020年会展业虽然遭遇了严重的打击，但是，上海市会展行业协会会员发展依然保持上升的态势，企业入会的意愿并未被疫情而阻挡。

截至10月31日新加入协会76家企业，退会20家企业，实际有效会员627家，比2019年10月31日的571家增加56家。

按主营业务分：场馆、主办、展示工程三大主体分别为23家、76家、427家，三大主体占比83.89%；另有会展院校、研究管理机构以及涉及会展的物流、咨询、服务、设备供应商等相关配套企业合计101家，占比16.11%。

按企业性质分：国有企业（含社会团体、院校等）71家，占比11.32%；外资企业62家，占比9.89%；民营企业494家，占比78.79%。

（六）党建、工会

（1）协会党委召开党员大会选举产生新一届党委和纪委班子。经过近半年的准备，经上海市市级机关工委行业协会党委批准，上海市会展行业协会党委于 6 月 30 日召开党员大会，协会党委 12 个支部 108 名党员参加会议。大会听取并通过了党委书记陈先进代表协会党委作《砥砺奋进新时代，牢记使命促发展，努力把协会党委建设成为推动上海会展行业高质量发展的坚强战斗堡垒》的工作报告；选举产生了由 7 位同志组成的新一届党委委员会和 3 位同志组成的纪律检查委员会。

（2）根据《中国共产党章程》要求，党委成员分别深入、分类指导各基层党组织进行支部换届选举工作。对于成立 3 年以上的 10 个支部进行换届选举，并根据党章规定，督促党员在 7 人以上的 4 个支部成立支委会。各支部都能认真落实做好换届工作。

（3）党委组织各支部围绕“四史”学习教育，开展“往心里走、往实里走”等各项活动。党委联合上海市旅游行业协会党委开展“疫后复苏行业共建”党员主题教育活动，组织党员前往龙华烈士陵园缅怀先烈，感悟来之不易的幸福生活，更加坚定我们不忘初心的信念。同时党委贯彻落实上级党委“从心出发——市级机关行业协会党员身心关爱计划”，分两次组织各支部党员和员工 60 多人，参与心理减压放松训练互动式课程，领悟到“积极心理”的内涵，也感受到上级党组织浓浓的关怀。另外，疫情期间，协会党委号召全体党员开展抗疫捐款等活动。

（4）2020 年选送 5 名入党积极分子参加上级党委组织的入党积极分子培训班，选送 4 名发展对象参加上级党组织的发展对象培训班，年内 2 名发展对象接收为预备党员，按期转正 3 名，为党组织增添了新鲜血液，注入了新的活力。

（5）党委组织全体党员用好“学习强国”学习平台，继续通过党建服务中心、公众号、微信等沟通平台，坚持每天与各基层支部和全体党员互动学习交流。

（6）协会党委在抓好基层组织建设的同时关心工会组织的建设，为基层工会冬送温暖夏送清凉，组织工会工作人员学习交流，办理工会卡和购买市总工会的保险。

二、2021年工作规划

2021年是"十四五"规划的开局之年,我们要以习总书记在浦东开发开放30周年庆祝大会上的重要讲话精神为指引,在危机中找先机,于变局中开新局。面向未来,科学把握新发展阶段,坚决贯彻新发展理念,服务构建新发展格局,努力实现上海会展业更高质量发展。

(一)抓好上海市会展行业"十四五"开局起步

1. 全力协助配合政府工作,发挥桥梁和纽带作用

在市商务委领导下,紧紧抓住"百年未有之大变局"的历史机遇,以建立国际会展之都为目标,以会展项目为抓手,突出内需型会展稳贸易、稳消费、稳服务业的积极作用,做大做强国际品牌展会,以此作为应对世界经济格局变化,服务国内大循环,国内国际双循环新发展格局的着力点,为"十四五"开好局,起好步。

2. 继续抓好常态化的疫情防控工作

在全面复工复展的形势下,上海市会展行业要始终绷紧疫情防控这根弦,严格遵守《上海市会展行业新冠肺炎疫情防控指南》要求,外防输入,内防反弹,抓住重点,补齐短板,建立疫情防控长效机制,精准防控,切实做好2021年的疫情防控工作。

3. 继续助力参与进博会

上海是进博会的主场所在地,同时也是中国改革开放的龙头。在之前三届进博会的基础上,协会将通过人才培养、资质评审、智慧会展理念创新等综合能力培养,帮助会员企业踊跃参与助力进博会,从而进一步增强全市会展业的国际竞争力,提升行业话语权。

4. 全力放大进博会溢出带动效应

中国国际进口博览会所倡导的“开放、合作、创新、共享”精神，溢出的“贸易升级、产业升级、消费升级”效益，新技术、新产品、新理念的集中呈现，通过上海的会展平台，实现了交流和融合。我们要通过这个开放交流平台，抓住机遇，顺势而为，充分发挥协会的枢纽作用，扩大国内外同行业的纵横向联动、交流，提升“双循环”战略链接功能，在更多交叉领域碰撞出更多突破，孵化出更多创新，推动会展业持续发展。

（二）加强长三角联动，推动会展业协同发展

为贯彻落实《长江三角洲区域一体化发展规划纲要》，坚持新发展理念，助推长三角区域会展业高质量一体化发展，长三角会展联盟制定了《2020—2022》三年行动计划，计划的主要内容如下。

发展目标：推进区域内展会模式创新；倡导区域内绿色会展；拓展区域内会展业国际合作；探索智慧会展新业态。

基本原则：服务大局；共享优势；追求品质；合作共进。

工作内容：建立完善顶层设计；搭建信息交流平台；分享业界发展报告；加强人才培训；统一资质评定标准；打造品牌展会。

通过长三角会展联盟成员的共同努力，联盟成员间自律规范，优势互补、协同互助、资源共享，积极打造长三角会展业产业品牌，构建新型和谐的区域会展业竞合关系。

（三）坚决贯彻新发展理念，全力做强创新引擎

协会将精心筹备，按键重启 2021 国际会展业 CEO 峰会。此峰会已纳入三大高端国际论坛，得到 UFI 总部及国际会展业权威机构认同。峰会期间，我们将以第三届进博会这个几乎 2020 年全球唯一正常举行的综合性超大展会为例，展示中国通过精准有力的防控，逐渐掌握“战疫”的主动

权，并在此基础上实现经济复苏，有望在全年保持 GDP 正增长，为国际会展业传递信心，注入希望。同时，也通过上海会展国际顾问，结合制定的上海“十四五”规划，为上海建设成为国际会展之都出谋划策。

二是受市商务委委托着力做好《展览项目等级评估》地方标准的编制工作。同时，贯彻绿色环保理念，在会展行业倡导展会节能环保，推行绿色办展，编制绿色会展的团体标准。

三是做好对本市举办影响成效大、规模水平高的国内国际品牌展会及办展主题进行评选表彰工作。

四是继续编制好《上海会展业发展报告(2021)》，并与市商务委会展业促进中心、市商务研究中心合作编制好《2021 上海会展业白皮书》。

(四) 拓展服务空间，提高服务质量

1. 开展新理念、新技术、新产品推广

2021 年，我们要搭准时代脉搏，跟进时代步伐。面对未来，创新思路，有责任，有担当，走出去，请进来。通过举办沙龙活动和发布微信公众号，在业界交流推广会员企业发展前行中的新思想、新理念、新技术、新举措，促进上海会展业快速而又高质量地发展，真正成为中国会展业的主力军。

2. 加快人才队伍培养

新的一年里，协会将与长三角会展研究院、上海外贸贤达学院联合组织会展初、中、高级水平认证培训，有针对性对部分院校应届毕业生、从事会展业的专业人才进行业务能力综合水平培养，为上海建设国际会展之都培养、输送专业人才。

3. 积极支持全市会展行业业务建设

在建立健全协会专业委员会的基础上，通过提供技术支持、政策引导、专家服务，发挥协会优势，促进全市会员单位的健康发展。

4. 提高为会员单位服务水平

要大力加强协会秘书处队伍的思想建设、组织建设和业务能力培养。在坚持为企业、为行业、为政府服务的宗旨前提下，不断提高工作效率和质量，以“公正、诚信、快捷、优质”的服务，赢得企业、行业、政府和社会的认可。

（五）党建引领促进行业发展

党委要深入学习贯彻党的十九届五中全会精神，准确把握全会关于“十四五”乃至今后一个更长时期我国发展面临的形势任务，推动协会党建与协会自身发展互促互融。一是引导和监督协会会员依法执业开拓发展。二是教育引导职工群众增强政治认同，发挥协会各党支部战斗堡垒和党员先锋模范作用。三是引导和支持各会员企业有序参与社会治理、增强社会责任，为纪念建党一百周年做出更大贡献。

上海市会展行业协会 2020 年沙龙总结

上海市会展行业协会秘书处

上海市会展行业协会 2020 年举办了 3 期沙龙，这 3 期沙龙紧紧围绕 2020 年的特殊性，寻找行业发展突破口，受到了广大会展企业的高度关注，收到了较好的效果。以下是主要内容介绍。

一、线上沙龙——疫情冲击下的展会发展新思路

2020 年，因疫情停摆的会展业受到毁灭性的打击。行业如何自救是全体会展人所面临的重大课题。在新冠肺炎疫情防控常态化条件下，创新展会服务模式，是党中央、国务院为推动行业加快恢复和发展的重大部署。

为此，各大展会主办方及会展服务企业纷纷探索线上展会模式，如直播会议、网上展会等等，这种探索是积极的。如何创建线上服务项目？怎样形成新商业模式？如何配置强大的技术支撑？为探索这些问题，上海市会展行业协会于 5 月 25 日召开了一场专题线上沙龙——疫情冲击下的展会发展新思路，该次沙龙共计 37 674 人次进行收看。

沙龙由协会桑敬民会长主持，协会党委书记陈先进、上海市国际贸易促进委员会副会长顾春霆、东浩兰生会展集团总裁陈辉峰、上海博华国际展览有限公司执行董事王明亮等 9 位嘉宾发表了精彩的演讲。

沙龙主持：桑敬民——上海市会展行业协会会长

目前，我们的展会因为疫情都处于停摆的状态，行业如何恢复，如何发

展，这已经成为会展人所面临的重大课题。当前，展会各主办方、服务企业都在纷纷探索线上展会的模式。这是一种积极的探索，也是企业的重要战略。

如何提供线上服务，怎样形成新的商业模式，如何增加投入建设和管理线上团队？如何配置技术支撑，创建不同于传统电商平台的线上线下融合的新型会展平台，是行业面临的重大课题。

为了集行业大成，为会员单位乃至全国的同行提供思路，协会特别组织了本次专题沙龙，邀请中国会展界各路带头人，围绕上述问题进行积极探索，以直播的形式与大家共同交流在新形势下会展业的应对思路，共同引领行业、推动发展。

陈先进——上海市会展行业协会党委书记、全国会展业标准化技术委员会主任、国际展览业协会（UFI）名誉主席

分享内容：新思路的意义和目的

（一）行业发展线上会展的背景、目的

商务部发文要求行业要创新发展。从 2020 年初疫情发生以来，中国乃至全球展览业都遭到重创，在这几个月里大家做了许多思考，云上展览、线上展览成为热门话题。对此，业内有“上山”一说，有的说这是“逼上梁山”，没办法，不上梁山就没有活路；还有一种说法是“上井冈山”，星星之火可以燎原，网上展能让行业有很大的发展。在没有条件举行实体展的形势下，只能考虑线上展会。

几个月思考下来，行业呈现几种情况。第一种是展会原先就有线上板块，在原来基础上不断提高，如上海博华国际展览有限公司。第二种是做展会的主办企业和互联网公司、线上交易平台公司成立合资企业，比如上海市贸促会和阿里巴巴合作成立云上会展公司。第三种是主办单位和互联网公司在项目上战略合作，进行探索，比如中国品牌日展、广交会；还有

主办单位在研究开发适合自己的线上线下结合的模式，比如美容展。

发展线上展的目的各有不同，有的认为是迫于疫情而不得不考虑的新形式；有的认为是线下展的必要补充，特别是在信息化高度发达的前提下，提前布局有助于提高竞争力；有的是当前业务开展的需要；还有的认为线上业务将是新的增长点。

（二）行业关于线上会展的共识

通过业内的探索和讨论，了解各企业研究线上形式的目的，我们总结出一些共识：一是网络数字技术在行业发挥的作用越来越大，疫情促使行业要加速创新。二是多数主办企业认为研究探索线上会展新形式不是权宜之计，而是长久发展战略。三是数字化路径和方法是多样性的，没有统一的模式，各主办方将根据自身特点找到适合自己的发展之路。

顾春霆——上海市国际贸易促进委员会副会长、上海市国际展览有限公司董事长

分享内容：破局赋能　共谋未来

云上会展有限公司的定位是独立第三方公共平台，目标是打造全球领先的云上会展数字化智能平台，用数字化方式促进全球贸易的顺畅进行。云上会展的五大战略规划如下。

➢ 发挥线上线下共存互补和共生互进作用；

➢ 立足打造独立第三方公共平台；

➢ 拥有区别于普通线上会展平台的核心能力；

➢ 确保各家主办方的数据安全；

➢ 坚持走合作共赢的市场化道路。

陈辉峰——东浩兰生会展集团总裁

分享内容：“云会展”，赋能还是颠覆？

（一）从趋势来看，数字技术的快速发展对线下展会带来的影响会加速

（二）怎样应对线上展览会将对线下展览产生的影响

一直以来，信息技术公司都是线下展览的合作伙伴，为行业提供很多工具和服务。但现在云上会展面临的是互联网的大咖，是BAT，他们的逻辑思维和商业模式和以往接触的信息技术公司完全不同，我们必须搞清楚他们处于什么样的目的和商业逻辑来合作。展会和互联网某种实质上都是一种平台，这种竞争关系是不能忽略的。必须先明确各自的定位和诉求，然后在我们立场和观点的引导下，进行线上线下的融合。

（三）我们的行业会发生哪些变化

➢ 展会的门类和产品会更标准化；

➢ 缺乏专业性和技术性的展会会受到冲击；

➢ 展会的线上工具和技术会有更多创新，我们要把线下会展提供的最有价值的部分——人与人的交流和面对面的互动，做得更极致。

王明亮——上海博华国际展览有限公司执行董事

分享内容：博华展览会线上线下融合，在线年收入3 500万元的赢利模式

（一）在线收入

主要分为有形收入和无形收入：有形收入包括年费、在线广告收入、定制服务和其他收入，可以达到展览会项目总收入的5%～10%。

（二）在线营运

包括网站、采购平台、微信、直播等新媒体，以及小程序、APP等的整合营运，是展览会线上线下结合，形成核心竞争力的最重要的组成部分，这部分的在线服务，不直接产生有形的收入。

互联网建设内容为王，需要十年如一日的收集、编辑、更新，如果急于

求成，基础没有打好，赢利模式不可能形成。

互联网团队建设，有技术人员、编辑、客服团队，还需要与项目部门的销售及市场人员共同携手，各司其职。

（三）最佳在线赢利模式

应该是 B2B、B2P、B2C 的全方位发展，博华的家具在线采购通、食饮在线采购通已经上线近一年，初见成效。

（四）短板

企业经营范围没有“电信增值服务”这一项，对展览会主办方的赢利空间将是一个重大障碍。

周　巍——东浩兰生会展集团副总裁

分享内容：疫情后的中国品牌日活动创新实践

（一）实 to 虚：中国品牌日如何从线下走到线上

（1）往届中国品牌日活动 VS 云上 2020 中国品牌日活动。

（2）筹办云上 2020 中国品牌日的情况。

——33 位项目核心成员+37 个日夜+50 余个线上工作群

——37 个省市区对接落实+123 家上海重点品牌策划呈现

（二）虚 to 实：2020 中国品牌日上海云上展馆如何助力参展品牌实现“品效合一”

（1）上海云上展馆策展的三个层次。

（2）上海云上展馆的三大目标：好看、好用、好玩。

（三）虚 & 实：线上线下联动，组合策略服务，构建商业运营模式的闭环生态圈

张　钢——北京昆仑亿发科技股份有限公司总经理

分享内容：线上展览如何进行展商和买家的贸易交流以及线上展览

如何与线下相结合

（一）会展经济新基建

一是信息基础设施。二是融合基础设施。三是创新基础设施。

（二）会展新基建的五大支柱

一是通信技术。二是云技术—数据计算和存储能力。三是大数据人工智能技术。四是物联网—数据采集技术。五是移动应用技术——VR。

（三）云上展览馆是什么

为线上展览开办提供条件;为线下展览提供技术服务;为线上线下互动提供条件;打通时间概念,打通空间概念。

（四）云上智慧展览馆的发展方向

更专业的公共展览馆;专业化、娱乐化(抖音视频,群众运动);平台化;国际化(多语种)。

万　涛——31会议首席执行官

分享内容：云上展览的技术和商业模式变革探讨

（一）WHY：时代背景下的线上展会

（1）展览行业的数智化转型挑战、创新和价值。

（2）线上展会商业合作模式能否产生足够的回报?

（二）WHAT：线上展会核心功能

线上展会不是一场秀,而是一种新的商业模式,其核心在于场景重塑和价值再造。

（三）HOW：线上展会建设路径

线上展会不止于技术,更在于意识转变和可持续运营模式的构建。线上展会是组织变革和业务变革相结合的过程,可分为6个步骤：① 组织准备;② 数字门户;③ 互动引流;④ 商务洽谈;⑤ 运营模式;⑥ 平台优化。

顾学斌——WeMeet 首席执行官

分享内容：线上会展还是智慧会展？

（一）行业挑战

分别从城市、会展中心、会展主办和企业 4 个主体分析了目前的挑战和需求。

（二）传统会展的 4 个表现和 4 个建议

4 个表现：商业模式陈旧，完全依赖线下物理空间，抗风险能力差，依赖甚至创造供需不匹配；忽视数据，忽视内容，忽视连接；忽视社群，忽视流量，忽视传播；极度缺乏和忽视个性化服务和体验，追求数量，而非质量。

4 个建议：痛定思痛，转换思路，切换定位，做营销服务而非仅仅会展服务；聚焦行业营销需求，发挥会展的长处和优势，从线下延伸到线上，打造智慧营销平台/生态，而非仅仅线上展览；重视数据，重视内容，重视连接，重视社群，重视流量，重视传播；聚焦个性/个体需求，提升参观/参展效率，提升投资回报。

（三）智慧会展核心需求和产品框架

四大需求：聚焦企业会展营销痛点；创建会展营销服务生态；打造产业互联营销平台；创新会展商旅服务模式。

四大产品：企业级会展社交营销平台；会展智慧社交营销服务平台；产业互联营销平台（智慧会展）；智慧会展商旅城市服务平台。

周景龙——道同共创（北京）科技有限公司首席执行官

分享内容：如何形成在线展会的商业模式？

（一）一场疫情引发核心客户需求的改变

倒逼数字空间生存的需求；网络协同的方式得以普及；视频商业模式被引爆。

（二）应对变革最重要的是“认知+行动”

（三）商业模式

最重要的是实现收入，敢于收费是对模式价值的自信，能收到费是客户对创新模式价值的认可，能持续收费才是对创新模式的验证。

（四）线上线下融合

线上是做相识、做连接、做营销；线下是做相知、做信任、做合作；线上线下是形式，数字化能力是核心。

（五）未来会展人的挑战

更多在策划能力、营销能力、执行能力和组织能力的挑战。互联网巨头们进入会展行业只是让基础设施更加完善。

（六）对会展企业数字化转型的建议

用好大平台，做好小平台，努力做中平台。

（七）道同共创的理念

道同共创不是一家技术服务公司，而是新经济产业创新者的战略合作伙伴，以“新科技、新模式、新组织”融合发展。希望汇聚更多“利他、诚信、创新、智简”的道同中人，一起“共生、共享、共创、共赢”。我们的理念就是“道相同，共创造”。

结束语：线上线下融合是会展业发展的必然趋势，会展业的数字化进程任重道远！唯有提前布局，不断探索实践才是王道！

二、疫情防控常态化下的会展服务

2020 年以来，新冠疫情对会展行业造成了严重打击，虽然下半年行业逐步重启，但仍伴随着许多不确定因素，让会展企业如履薄冰。在疫情防控常态化下，会展业相关服务的重要性尤为凸显。

为此，协会于 2020 年 9 月 18 日与上海市律师行业协会、上海市会展业促进中心共同举办了题为“疫情防控常态化下的会展服务”沙龙活动，在太平洋财产保险股份有限公司上海总部举行。市商务委会展业处、浦东新区会展业促进中心、青浦区商务委等相关政府主管部门领导出席。另有来自会展主承办、场馆、展示工程企业以及相关律师事务所的代表参会，上海市会展行业协会秘书长屠建卿主持沙龙。

沙龙活动分两个阶段。第一阶段，上海市会展行业协会桑敬民会长在致辞中提到疫情后市会展行业协会在市商务委及相关政府部门的指导下，在广大会员和业内同仁的支持下，不遗余力地积极推动上海会展业的复展。该次沙龙主要针对业内在疫情后碰到的各类问题，提出一些解决方案和解答，对疫情后的会展服务进行了赋能。市律师协会副会长朱林海也到会致辞。在市会展行业协会党委书记陈先进、市商务委会展业处处长李磊、太平洋保险上海总部总经理助理战昱静见证下，市会展行业协会、市律师协会、市会展业促进中心共同签署了三方合作协议。

市商务委会展业处处长李磊发表了讲话。他提到 2 月至 6 月，上海共延期或取消展览项目 160 个，涉及展览面积约 670 万平方米，对所有会展企业带来了巨大冲击。市会展行业协会在抗疫期间发布了各类倡议书、疫情防控指南，陈先进书记更是多次在各种场合向市领导力荐，尽快恢复上海市会展业。6 月份以来，上海会展业正在逐步平稳有序的恢复。2020 年实施的《上海市会展业条例》是全国省级行政单位中第一部会展业的地方性法规，为我们会展行业应对新冠疫情，为加快建设国际会展之都注入了动力和信心。市律师协会全程参与了起草工作，对条例的出台起到了重要的推动作用，市律师协会已经成为本市会展业高质量发展所倚重的重要专业组织。市会展行业协会、律师协会、会展业促进中心三方签署合作协议，有利于提高本市会展业专业化、法制化水平，营造高质量的发展营商环境，是利于本市贯彻落实条例的重要举措。下一步市商务委将以落实条例为抓手，持续提高公共服务水平和行业专业化进程，积极引导国际知名展会和公司落户上海。近期市商务委和人保局共同商议，将会展行业纳入人才引进的重点行业，积极为企业做更多的实事。我们将继续推动上海会展业双循环发展格局，助推全市强化四大功能，加快建设国际会展之都的进程。

在沙龙第二阶段，太平洋保险行业拓展部张渝以“疫情下会展业保险的定制化服务”为题，介绍了太平洋保险不仅为会展业提供常规行业保险，并为会展行业在疫情防控常态化下量身定制了更多保险服务，为协会会员配备了专属保险方案。

上海汇展信息科技有限公司合伙人郑路逸以“云上会展赋能主办，助力企业打造第二增长曲线”为题，分享了公司在过去的几个月中如何帮助上海会展业在数字展会“新基建”上持续发力，助力上海打造国际会展之都。

市律师协会钱晔文律师以“疫情影响下会展合同履行若干问题的简要分析及处理建议”为题，就疫情影响下对合同履行产生的影响及后果，以及对合同解除及变更的处理建议等问题为与会嘉宾解释了相关法律知识。

西安远华软件有限责任公司总经理呼庆源以“如何快速拥有自己的线上展会平台”为题，从“主办方需要什么样的线上展会平台；如何与线下实体展会相融合；融合的内容包括哪些；线上展会带来的新商业模式都有什么；与主办方原有的经营模式如何无缝对接；主办方如何营利；要拥有它收费标准与合作方式是什么”等角度进行了分享。

三、组织上海企业与全国同行交流

2020 年 12 月 9 日，协会组织了 30 多家理事会成员赴南京溧水，与全国省级会展行业协会联席会议第四次会议的与会代表一起座谈。这是疫情防控常态化以来，协会组织会员企业，走出上海与全国同行面对面交流的一次行业活动。

会议由国际展览业协会（UFI）名誉主席、全国会展业标准化技术委员会主任委员、上海市会展行业协会党委书记陈先进主持。中国会展经济研究会会长袁再青、南京市贸促会主任梁洁、溧水区人民政府副区长张德才分别致辞。上海市会展行业协会秘书长屠建卿以“疫情下，会展行业协会的作用与担当”为题、《会议》杂志主编王青道以“会议目的地建设与会议品牌打造”为题、广东会展组展企业协会会长刘松萍以“行业协会如何在市场化中寻求发展及对会展企业的启示”为题、海南省会奖旅游与展览行业协会会长陈方旭以“如何充分借助政府资源，促进协会及企业的发展”为题、四川省会议展览业协会执行会长何跃以“会展如何与产业进行融合”为题，与会议嘉宾作了分享。

在四川省会议展览业协会荣誉会长李涌的主持下，浙江省国际会议展览业协会副会长李保尔、江西省会议展览业协会会长李宇、湖北省会展业商会执行会长姚军、白马农业国际博览中心总经理裴建新、上海华丽达视听科技有限公司集团董事长牛晓勇就“乘风破浪，合作共赢”为主题，对各地会展行业的发展现状和趋势，以及碰到的难点痛点进行了研讨。

会上还进行了全国省级会展行业联席会议会旗交接仪式，由国际展览业协会（UFI）名誉主席、上海市会展行业协会党委书记陈先进向四川省会议展览业协会执行会长何跃传递了会旗。

上海市会展行业协会 2020 年荣誉榜

上海市会展行业协会秘书处

2020 年年初，一场突如其来的新冠疫情给我们的生活带来了巨大的冲击，同时也按下了会展行业的暂停键。在党中央的领导下，全国人民众志成城，抗疫取得了阶段性胜利，防控工作也进入常态化阶段。自 2020 年 6 月底起，会展行业在全体同仁们的共同努力下，开启了紧锣密鼓的复工复展工作。

为鼓励协会会员在防疫抗疫、复工复展及第三届进博会做出的突出贡献，上海市会展行业协会于 2020 年 11 月向全体会员发出“关于 2020 年度会员企业表彰活动的通知”，经自愿填报，协会向在防疫抗疫过程中做出突出贡献的 15 家企业，复工复展工作中表现突出的 47 家企业，参与进博会过程中服务创新的 21 家企业予以表扬，以期在行业中起到榜样和表率作用。

2020 年 12 月 17 日，上海市会展行业协会五届三次会员大会上对以上企业进行了表彰，现将表彰企业公布如下（按会员号排序）。

一、 2020 年上海市会展行业防疫抗疫贡献突出企业

国家会展中心（上海）有限责任公司

上海科技会展有限公司

上海展览中心有限公司

上海美术设计有限公司

欧马腾会展科技(上海)有限公司

瑞德尔建筑科技(上海)有限公司

上海诚唐展览展示(集团)股份有限公司

万达信息股份有限公司

上海东浩会展经营有限公司

上海龙博建设发展有限公司

上海长风跨采投资有限公司

上海意点会展服务有限公司

艺搭环保科技(上海)有限公司

上海空港旅游服务有限公司

上海国展展览中心有限公司

二、 2020 年上海市会展行业复工复展表现突出企业

上海会展有限公司

东浩兰生集团上海工业商务展览有限公司

上海博华国际展览有限公司

上海市国际展览有限公司

上海新国际博览中心

上海百文会展有限公司

上海万耀企龙展览有限公司

上海航空国际商务会展有限公司

上海市船舶与海洋工程学会

上海全艺艺术装饰有限公司

上海荷玛展览服务有限公司
上海中展展览服务有限公司
上海电缆研究所有限公司
上海美克展览服务有限公司
上海陆家嘴物业管理有限公司
汉诺威米兰展览（上海）有限公司
点意空间（上海）展览设计工程有限公司
上海和煦展览有限公司
上海汇展广告装饰有限公司
安宝示展览展示工程（上海）有限公司
上海迈勒士文化传播有限公司
上海华丽达视听科技有限公司
上海贸促展览展示有限公司
上海张江超艺多媒体系统股份有限公司
上海鼎世展览展示有限公司
上海世福展览服务有限公司
上海炫动汇展文化传播有限公司
上海轻工广告有限公司
广州广交会展览工程有限公司
新怡展（上海）展览展示有限公司
上海汇展信息科技有限公司
上海群翊广告有限公司
中会（上海）会展工程有限公司
上海雅树展览有限公司
上海金拓展览服务有限公司
北京龙品锡展览有限公司

上海源畅展览展示有限公司

上海盟轩展览服务有限公司

北京昆仑亿发科技股份有限公司

上海梦蝶广告有限公司

上海欧懋广告有限公司

上海同佳喜展览展示服务有限公司

上海佰翔酒店管理有限公司

上海芮视智能科技有限公司

上海普朗广告有限公司

上海信聘会展有限公司

上海凌泽展览服务有限公司

三、 2020 年上海市会展行业参与进博会服务创新企业

国家会展中心(上海)有限责任公司

上海市国际展览有限公司

东浩兰生集团上海外经贸商务展览有限公司

上海现代国际展览有限公司

上海国际展览运输有限公司

灵通展览系统股份有限公司

上海艾肯展览有限公司

上海欣越国际货物运输代理有限公司

上海第二工业大学会展经济与管理专业

上海景桥会展服务有限公司

上海品邦广告有限公司

上海轩维企业形象策划有限公司

上海西虹桥商务开发有限公司

上海对外经贸大学

上海东方传媒技术有限公司

上海鸿量联采贸易服务有限公司

上海灵硕展览集团有限公司

中国太平洋财产保险股份有限公司上海分公司

中远海运航空货运代理有限公司

唯存(上海)网络科技有限公司

上海观图展览展示服务有限公司

长三角城市会展联盟更名及相关工作报告

上海市会展行业协会秘书处

长三角地区是我国经济发展最活跃、开放程度最高、创新能力最强的区域之一,在国家现代化建设大局和开放格局中具有举足轻重的战略地位。长三角地区会展业也一直是全国会展业发展的“排头兵”。2006 年 12 月,由上海市会展行业协会、南京市会展办、杭州市会展办、合肥市商务局、南昌市会展办、宁波市会展行业协会等 6 家发起单位牵头成立了长三角城市会展联盟,每年都开展相关的会展活动。

一、长三角城市会展联盟工作的简要回顾

2006 年 9 月 29 日,长三角城市会展联盟在上海光大会展中心召开第一次筹备会议。会议一致通过组建“长三角城市会展联盟”,签署了“关于筹建长三角城市会展联盟备忘录”;会议一致推选上海市会展行业协会为联盟理事长单位,同时明确上海市会展行业协会秘书处作为联盟秘书处开展相关联络等日常工作;其他 5 个城市为副理事长单位,第一批参加联盟的单位为常务理事单位;会议还通过了联盟章程草案;研究了联盟成立大会的工作方案。

2006 年 10 月 16 日,《长三角城市会展联盟章程》等有关筹备事宜向市社团局报备。

2006 年 12 月 18 日,长三角城市会展联盟在上海成立,联盟旨在搭建

一个长三角地区以及长江流域城市会展业合作互利、信息互通、项目互动的常态化平台。

2007 年 12 月 13 日，长三角城市会展联盟年会在宁波召开，同期举办《首届 2010 上海世博会与长三角合作论坛暨项目推介会》。

2009 年 9 月 25 日，《2010 上海世博会与长三角合作发展论坛》在宁波召开。

2010 年 1 月 19—22 日，长三角城市会展联盟年会及理事会在澳门召开，联盟理事长吴承璘代表长三角城市会展联盟与澳门会展协会等签订合作协议。

2010 年 4 月 25 日，上海市会展行业协会积极参与世博会预演，组织了来自长三角等地区以及会员企业的代表共 5 009 人，租借 117 辆巴士进世博园区，给业内同行提供了率先目睹世博会的机会。

2011 年 1 月 15 日，长三角城市会展联盟年会在合肥召开。

2012 年 1 月 6 日，长三角城市会展联盟年会在南昌召开。

2013 年 12 月 6 日，长三角城市会展联盟年会暨扬州会展业发展交流对接会在扬州召开。

2015 年 1 月 22 日，长三角城市会展联盟年会在马鞍山市召开，陈先进理事长主持会议。

长三角城市会展联盟的成立，增进了联盟成员间的沟通交流，加强了长三角会展业的区域合作与战略互动，促进了长三角地区会展经济的共赢发展，为推动长三角经济一体化进程发挥了一定的作用。2016 年以后，长三角城市会展联盟的工作暂时搁置。

二、长三角城市会展联盟更名

1. 更名的背景和意义

2018 年 4 月，习近平总书记对长三角实现更高质量一体化发展做出重要批示，为长三角区域一体化发展指明了方向。2018年11月，习近平总书记在首届进博会开幕式上宣布“支持长江三角洲区域一体化发展并上升为国家战略”，标志着长三角一体化发展进入新的历史时期，也意味着长三角一体化发展要站在国家发展的高度，进一步服务国家和地区发展。

为积极对接长三角区域一体化发展国家战略，2019年3月12日，三省一市会展行业协会会长、秘书长集聚上海，就长三角会展一体化发展进行务虚讨论。会上大家表示，近年来长三角地区的会展业蓬勃发展，在全国会展业中占据着举足轻重的地位。长三角一体化发展是国家战略，而首届进博会的成功举办为我们长三角会展业一体化发展创造了难得的契机。因此，长三角会展业一体化发展是形势所需。大家一致认为，为使省级、市级的会展行业协会、机构、企业等都可以积极参与到联盟的工作，同时长三角城市会展联盟这一组织又能延续并继续开展活动，建议将长三角城市会展联盟改名为“长三角会展联盟”，并择时召开联盟第一次会议，予以更名。

2. 更名以后的机构和任务

自2019年3月务虚会后，上海市会展行业协会秘书处继续履行原联盟秘书处职责，在对原联盟成员开展意见征询的基础上，进行梳理确认及扩充，对原联盟章程、组织架构等联络机制进行完善优化后，将召开的会议方案、长三角会展联盟章程以及组织机构人选设置提议等文件的草案发三省一市协会征询，并将在第一次会议上讨论，以期达到统一思想，形成共识，资源共享，共同实现的目标。长三角会展联盟的主要任务是宣传、解读、传导党和政府有关发展会展业的政策信息；向有关政府部门提出长三角会展业发展的政策和制度建议；撮合联盟服务资源，发布三省一市会展业发展相关信息，打造长三角会展业产业品牌；建立联盟成员单位自律机制，促进联盟成员单位交流合作、资源共享，推动国际合作。

另外，为打造国内最具影响力的会展研究智库和行业人才培养高地，整合国内外特别是长三角地区的“政产学研”资源，上海市会展行业协会与上海对外经贸大学联合成立“长三角会展研究院”，重点开展高端智库建设、学术研究、校企合作、行业职业培训等方面的工作。

2020 年 10 月 12 日，长三角会展联盟第一次会议胜利召开。与会代表深刻认识到长三角区域在国家经济社会发展中的地位和作用，推进长三角一体化发展是国家战略所向，也是发展机遇所在。大家一致表示，在加快形成以国内大循环为主体，国内国际双循环相互促进的新发展格局中，充分发挥好会展业的经济推动作用，做大做强长三角区域会展业。三省一市会展行业的协会、机构、企业等将更好地携起手来，优势互补、协同互助、资源共享、合作共进，在实现自身发展的同时，为助推长三角区域会展业更高质量的一体化发展做出新的贡献。

长三角会展研究院介绍

长三角会展研究院

2020 年 10 月 12 日，在长三角三省一市商务主管部门、长三角区域合作办公室和长三角会展联盟的大力支持下，长三角会展研究院在上海对外经贸大学正式揭牌成立，上海对外经贸大学校长汪荣明和上海市会展行业协会党委书记陈先进担任联席院长。

一、背景说明

随着长三角区域一体化发展上升为国家战略，加上进博会的成功举办，长三角会展业一体化发展迎来了千载难逢的契机。区域会展业一体化发展急需高规格、国际化的行业培训与智力支持，除了之前长三角城市经济协调会下设有会展专业委员会外（注：于 2014 年 9 月 26 日在宁波成立），上海市及周边省市缺少专门致力于推进长三角会展业一体化的学术研究机构。

鉴于此，上海对外经贸大学会展与旅游学院多次与上海市会展行业协会沟通，并达成一致意见，决定共同成立长三角会展研究院（以下简称“研究院”），致力于推动长三角会展业的“政产学研”融合，为长三角会展业一体化发展提供高水平的智力支持和高端人才培训服务。

二、定　位

研究院的总体定位是积极对接长三角区域一体化发展国家战略，并落实《上海对外经贸大学与上海市商务委员会战略合作框架协议》，整合国内外特别是长三角地区的“政产学研”资源，联合打造国内最具影响力的会展研究智库和行业人才培养高地。同时，为长三角会展联盟成员提供相应的服务。

三、组织架构

长三角会展研究院挂牌在上海对外经贸大学，由上海对外经贸大学和上海市会展行业协会共同运营管理。研究院设立联席院长（2 位）、联席执行院长（2 位）和联席副院长（2 位），并下设办公室，负责日常工作的组织和协调。

与此同时，为了保证长三角会展研究院的高水准，并便于将来开展工作，研究院在一市三省范围内聘请了一批知名专家学者、会展业管理部门官员和行业协会负责人担任专家顾问，首批专家包括上海市国际贸易促进委员会副会长顾春霆等 19 人。

四、主要业务

按照发展规划，长三角会展研究院的主要工作内容包括高端智库建设、学术研究、校企合作、职业培训 4 个方面。其中，在高端智库建设方面，将立足上海，服务长三角，面向全国，开展会展业发展政策研究、产业发展研究与企业咨询等业务。除了继续完成《上海市会展业年度发展报告》，还将逐步推出分行业参展指数报告、专业观众趋势报告等研究成果，并进一步整合上海及周边城市政府、行业、高校等相关资源，争取列入长江三角洲城市经济协调会的工作日程，打造具有发布省部级决策咨询课题的高端智库。在学术研究方面，将针对会展产业发展热点，持续深化研究主题，并以进博会、杭州亚运会等重大活动为载体，开展专题研究，积累会展学术研究成果，扩大学术影响力，为成立上海市会展学会/会展经济研究会打下基础。

此外，研究院还将在促进长三角地区的校企合作、职业培训方面积极开展工作。例如，借助长三角城市会展联盟，促进长三角地区特别是上海市会展院校之间、会展院校与会展企业之间的交流、合作与联动。在上海市会展行业协会现有培训项目（上海市会展管理专业技术水平认证中级和高级会展师培训）的基础上，根据行业和企业发展的最新需要，开发会展企业高管培训项目（EDP），为上海和长三角地区培养高层次的专业会展人才。

“十四五”寄语

上海市商务委员会会展业处处长　李　磊

2020 年，在上海市委、市政府的坚强领导下，全市会展企业克服了新冠疫情带来的重重困难，积极抢抓中国国际进口博览会（以下简称“进博会”）带来的重大机遇，会展业加快复苏、好于预期，继续向着建成国际会展之都的目标迈出坚实步伐。

“十三五”期间，上海会展业致力于优化营商环境。出台了全国省级行政单位中首部会展业地方性立法——《上海市会展业条例》，对全市会展业发展进行了全面顶层设计。致力于培育大展名展。“十三五”期间，上海入选世界百强商展的数量每年均居全球主要会展城市之首。2018 年起举办的进博会，不仅跻身世界百强商展行列，更是成为我国对外开放的重大平台。致力于国际化发展道路。2016 年，国际展览业协会（UFI）年会在沪举办，同年 UFI 中国代表处落户上海。由上海会展行业协会主办的上海国际会展 CEO 峰会经过多年培育，已经成为业内公认的全球三大峰会之一。致力于服务双循环格局。2020 年，上海兼顾疫情防控和复工复展，积极创新展会服务模式，推出云展平台，促进线上线下展会联动，为构建国内大循环的中心节点、国内国际双循环的战略链接打造优质平台载体。

《“十四五”时期提升上海国际贸易中心建设能级规划》中，提出了到“十四五”期末全面建成国际会展之都的目标。作为行业主管部门，2021 年我们将继续提升服务水平，完善会展业“一网通办”等便利化措施；继续推动知名企业和项目集聚，吸引、培育一批具有国际竞争力的办展企业和知名展会落沪；继续放大进博会溢出带动效应，充分发挥“国际采购、投资促进、人文交流、开放合作”四大平台作用，为“十四五”开好局、起好步奠定基础。

会 长 单 位

上海百文会展有限公司　总经理　**桑敬民**

2020年对上海会展业意义非凡，我们共同见证了上海会展业磅礴的生命力和不屈的精神，以及对创新服务的坚定信念。

2021年是“十四五”的开局之年，上海已明确将在“十四五”期间全面建成国际会展之都。会展行业协会将在市商务委领导下，紧紧抓住“百年未有之大变局”的历史机遇，继续抓好常态下的展会疫情防控工作，做大做强国际品牌展会。

同时贯彻新发展理念，包括倡导绿色会展，助推长三角区域会展业高质量一体化发展等一系列工作。

我们也将通过大数据新技术的赋能，加快推进会展业转型升级和创新发展，促进线上线下办展融合发展以及培育品牌展会，为上海会展业的阔步发展提供新的动力源。

2021，国泰民安，行业兴盛！

副会长单位

（按会员号排序）

上海东浩兰生会展（集团）有限公司执行董事　**陈辉峰**

经历了不平凡的2020年，我更坚定了上海会展业发展的信心，期望与大家一同努力，在两个大局交汇的新阶段，在新发展理念的引领下，开启上海会展业发展的新征程。展望未来，我相信上海会展一定能在新时代中国发展的壮阔征程上创造新奇迹，开创高质量发展新局面，实现"全面建成国际会展之都"的战略目标。

上海科技会展有限公司总经理　**孟怡宁**

创新应变　激发会展业跨界发展新价值

新冠疫情重创下，全球会展业正遭遇前所未有的挑战。2021年，挑战依然严峻，如何在危机中积极识变、应变是会展人需要共同思考的课题。疫情让我们比以往任何时候都更能体会科技创新的强大力量，也催生了人们对会展社交生态的更高要求和更多期待，数字化、精准化和线上线下融合已成为会展业发展的新趋势。期待上海会展界继续携手并进，不断激发行业跨界发展新价值，共同推动上海国际会展之都建设。

上海博华国际展览有限公司
创始人/执行董事　**王明亮**

战胜疫情，创新模式，迎接上海展览业光辉灿烂的明天

新冠疫情给2020年上半年的上海展览业带来的是“灭顶之灾”。上海市会展行业协会代表行业，与市商务委领导沟通，取得市政府各方的全力支持，使得全年复工复展率达60%左右，这也可能是疫情之下2020年全球展览会的最佳业绩。

疫情呼吁我们的展览行业协会挺身而出，疫情激励我们上海展览人战胜病毒的肆虐，疫情更使我们展览人创新模式，云展、直播、视频会议等层出不穷，相信上海的展览业在疫情过后将迎来光辉灿烂的美好明天。

上海展览中心总经理　**张伟杰**

未来五年，上海会展业要加紧克服疫情肆虐、外部巨变所带来的“强冲击”和“紧约束”，站在“百年未有之大变局”新的起点上，以不破不立的劲头，朝着资源要素高度聚集、产业集群充分孕育、市场主体深度互动的目标迈进。我们上展人也将继续同上海会展人一起，为将会展业打造成上海大循环的中心节点、国内国际双循环的战略链接中不可或缺的一环，更加积极主动发挥开路先锋、突破攻坚作用，奋力创造新时代会展业发展新奇迹。

上海市国际展览有限公司
Shanghai International Exhibition Co.,Ltd.

上海市国际展览有限公司总裁　**王　蕾**

突如其来的疫情给我们带来了很多冲击与变革，它阻挡不了中国会展业发展的脚步，阻断不了我们携手共进、合作共赢的信心和行动。中国会展业正处在风华正茂的时代，在2021年这个新的转折时刻，作为中国会展业的重要力量，上海市国际展览有限公司愿意与大家共克时艰，携手发展，共同迎接时代赋予我们的使命和担当。

东浩兰生会展集团
上海外经贸商务展览有限公司总经理　**周　巍**

2021年是党的百年华诞，也是“十四五”规划开局之年。“新机遇、新起点、新气象”，展望新的一年，在统筹做好疫情防控和经济建设的前提下，我们要主动服务和融入新发展格局，紧抓上海加快建设“五个中心”、强化“四大功能”、聚焦“五型经济”、落实“三大任务”以及争创国际一流会展之都的发展机遇，在会展业发展新征程中，乘风破浪、勇往直前、拼搏进取，始终保持奋斗者的姿态，在合力筑梦的道路上携手共进，再创新辉煌！

上海新国际博览中心有限公司总经理 —**Michael Kruppe**

Dear fellow colleagues and friends in the exhibition area,
各位会展行业的同仁们、朋友们：

2020 was a perfect example of what can be achieved if people support each other.

如果说人与人之间相互支持可以实现什么？我想，2020 年就是一个完美的例子。

Due to the closure of all venues in China, we were forced to work out safety protocols and do lobby work with government and all other stakeholders.

中国国内所有展馆受到疫情影响全部关闭，迫使我们制定安全方案，并协同政府及所有利益相关方进行沟通工作。

I believe we all can say proudly: we did it.

现在我们可以自豪地说：我们做到了。

Everybody in our industry did her /his best to contribute and help our industry to restart again. So we succeeded to revive our industry amidst the ongoing Pandemic.

业内的每一个人都竭尽全力帮助展览业重新启动，就是这样才使得我们在这次尚未结束的疫情下如获新生。

Well, this is history now, and unfortunately it looks like 2021 also took a bad start with new Corona cases happening every day.

现在这都是历史了。虽然 2021 年开篇也不尽人意，每天仍有新的病例出现。

But I am not afraid. Based on our great experience

of 2020, I am very sure we also will master the new challenges in this year.

但即便如此，我也并不感到害怕，因为 2020 年所获得的宝贵经验让我相信我们也能应对新的挑战。

I wish all of us good luck and health in 2021.

最后，祝福大家在 2021 年身体健康，好运相随！

Looking forward seeing all of you FACE TO FACE soon.

我期待能够尽快见到大家。

（译文供参考）

上海现代国际展览有限公司总经理　**潘昱璋**

2020 年上海会展业经历了极其不平凡的一年。从疫情暴发后线下展会全面暂停，到 6 月逐步开放举办，在协会的坚强领导下，在行业同仁的共同努力下，短短半年时间上海会展行业有效实施疫情常态化管理，实现快速复苏。

2021 年是“十四五”规划的开局之年。在新发展阶段，上海会展业需要构建新发展理念，规划新发展格局。相信在协会一如既往地带领下，在各单位众志成城的努力下，上海会展业将围绕“国际国内双循环”和“线上线下同发展”战略，朝着标准化、品牌化的发展之路不断奋进。

疫情还未过去，影响仍在波及，当下更需要行业同仁们齐心协力，抱团取暖，一道“破困局、育新机”。相信只要我们秉承“坚定执着的信念和携手奋进的精神”，严冬终将会过去。让我们在农历牛年共同迎接春的到来！

最后，祝贺《上海会展业发展报告（2021）》正式出版，并祝愿上海市会展行业协会蒸蒸日上，越办越好。

上海国际展览中心有限公司总经理　**朱　云**

2020年是极不平凡的一年。受新冠疫情影响，上海会展行业受到罕见的巨大冲击。面对严峻挑战，上海会展行业在政府部门的关心和支持下，在上海市会展行业协会的凝聚和带领下，同舟共济、共克时艰，一方面全力战“疫”，牢牢守住疫情防控安全底线；另一方面，迎难而上、奋发有为，在不利条件下，依然交出了一份靓丽的答卷：首部会展业省级行政单位地方立法《上海市会展业条例》出台、14个展会上榜世界百强商展、进博会扩容3万平方米、会展数字新基建“云展平台”启航……这些成绩的取得，充分彰显了上海会展业全体同仁战胜困难的勇气、决心和能力。

2021年是我国“十四五”规划的开局之年，上海国际会展之都建设和会展业发展已经踏上新的征程。在疫情阴霾尚未完全消散的背景下，衷心希望上海的会展企业和企业家同仁，继续在上海市会展行业协会的引领下，以识变之智、应变之为、求变之勇，在新征程上创造新奇迹、展现新气象，为上海强化“四个功能”、发展“五型经济”、打造“五个中心”，更好地服务于新发展格局贡献上海会展业的力量，以上海会展人的实际行动为党的百年华诞献上一份贺礼！

上海万耀企龙展览有限公司总裁　**仲　刚**

2021年是“十四五”开局之年，我们面临的形势依然严峻，把握国家发展的战略机遇期，促进会展行业高质量发展，解决好会展行业的业态创新、人才培育和环保减排等可持续发展问题，让我们共同努力！

德马吉国际展览有限公司

雄关漫道真如铁，而今迈步从头越！2020 年开年以来，一系列的全球紧急事件使世界经济遭受了严重的挫折，各个行业的会展活动作为面向市场的前端也受到了广泛的冲击。如何在短暂的停顿中汲取继续前进的力量，这也成为所有会展行业从业者思考的课题。目前国内外大大小小的展会都有不同程度的延期或者取消，但是丝毫没有阻挡德马吉在会展行业前进的步伐。2021 年是“十四五”的开局之年，是奔向 2035 远景目标的起步之年，同样也是中国会展经济迈向新阶段的机遇之年！德马吉期待并坚信 2021 年的会展业将迸发新的活力和朝气！

上海协合广告装潢有限公司总经理　**周达仁**

不平凡的 2020 年艰难地度过了，黑夜过后，是破晓的微光；寒冷散尽，是温和的暖阳；春暖之时，是花开的芬芳。

喜迎“十四五”开局之年，一切不好的终究会结束，头顶的阴霾终究会散去，可怕的病魔也终究会被战胜。在疫情防控常态下，积极抓住非常时期蕴藏的发展机遇，披荆斩棘，风雨兼程，激活动力，让佳绩再续，辉煌再现。为把上海建设成为国际会展之都做出应有贡献。

上海协升展览有限公司总经理　**曹卫星**

2020 年经历了新冠疫情对整个行业的巨大影响，我们看到了会展行业的韧性，也见证了会展同仁们的坚持。2020 年已经过去，迎接我们的是“十四五”的新开局，在新的挑战、新的征程上，上海协升展览有限公司愿与上海市会展行业协会一起，同心同德，同舟共济。也预祝上海市会展行业的会员企业，在未来的五年中，与时俱进，再创新辉煌。

上海陆家嘴物业管理有限公司董事长 **蔡宏图**

锐意进取启新程、勇立潮头再出发。新的一年，希望上海市会展行业协会进一步团结各成员单位，加强成员间相互交流、相互学习，凝聚“并肩作战、携手共进”的磅礴伟力，全力打造更多“全球会展业重启样本”，共同开创协会“与时俱进、锐意进取、开拓创新”的新篇章。

点意空间(上海)展览设计工程有限公司总经理 **吕玉贵**

坚守初心，突破常态，收获新境界！

在过去的一年里，危机之中寻新机，我们比以往任何时候都在认真反思和思考什么才是会展业破局之势，会展业的创新浪潮也在持续翻涌，对组织模式、商业模式、营销模式的创新思考，从企业自救到行业变革，化危机为转机形成了行业发展的新格局。

向未来看，会展业从对“量”的追逐转向对“质”的深耕，创新与突破将继续成为未来发展的主旋律。

上海欣越国际货物运输代理有限公司总经理 **朱　辰**

过去的 2020 年是艰难的一年，猝不及防的一年，但是我们抱团取暖、协调一致，最终交了一份踏实的答卷。有了 2020 年的经验总结，我们相信，在国家和政府的带领下，2021 年将是充满挑战和希望的一年，作为会展人，我们上海欣越将和会展行业一起，不畏困难，勇往直前，共同迈步创造未来的辉煌。

上海乃村装饰工艺有限公司董事长　**陆景阳**

在挑战中奋起、在困境中逆行

跌宕起伏的2020年，会展业值得纪念的是抗疫之战中的负重前行，值得点赞的是复工复产中的点点滴滴。经历了大灾大疫，我们更懂得感恩和珍惜；经历了生死考验，我们更能体会到家和国的命运与共。

2021年，我们乃村人将在挑战中奋起、在困境中逆行；将带着"越是艰险越向前"的勇气和智慧，保持战时状态，以昂扬的斗志，顽强拼搏的精神，奔向后疫情时代更加开放、更加奋进、更加激情的会展之都大事业。我们将团结协作，不忘初心、坚定信心、坚定意志、重整行囊，风雨前行，奋力书写上海会展行业大发展的新篇章。

上海汇展广告装饰有限公司总经理　**林　勇**

2020是特殊的一年，年初我们大家齐心协力战胜了疫情，获得了防疫优秀企业的殊荣；

2020也是收获的一年，我们顺利完成了许多项目，获得了各界的好评；

2020是挑战的一年，是见证我们"上海汇展，使命必达"的企业精神的时刻；

2021更是希望的一年，大家为各自的目标奋斗着，充满了激情，充满了希望，充满了感恩。

上海亚东会展服务有限公司总经理　**孙　璐**

送别极不平凡的 2020 年，我们跨入了充满挑战与机遇的 2021 年。面对突如其来的新冠疫情，我们在会展行业协会的带领和政府的大力支持下同心协力共渡难关，在新的一年里，期待更多的行业同仁加入协会，共同努力，一起共创更好的会展环境，持续提升行业服务水平，为实现行业新的跨越贡献力量！

澳龙信息科技（上海）有限公司

面对突如其来的疫情冲击，2020 年是充满挑战的一年，同时也是各企业提升业务含金量的黄金时间，是促进会展行业架构优化、充满机遇的一年。

作为技术服务商，除了严格依照协会发布的疫情防控指南，切实抓好防疫工作，我们将努力推动上海会展业线上线下相结合模式，加速发展数字展会，促进上海会展业线上线下融合发展，为展会行业“添砖加瓦”！

上海迈勒士文化传播有限公司总经理　**丁　霖**

2020 年的新冠疫情，对于我们公司乃至整个会展行业的打击都是致命的。但是在这种危难时刻，迈勒士（MLS）的同仁们在我们会展行业协会全力支持关心下，齐心协力，众志成城，MLS 为上海后疫情时代的文化艺术做出了贡献：为外滩一号国际艺术中心、程十发美术馆、刘海粟美术馆等多家美术馆提供了整体运营管理、策展、线上美术馆云展系统、美术馆门票系统、馆藏检索系统等多项美术馆服务。

达尔文进化论告诉我们，最终活下来的物种从来都不是最聪明、最强壮的物种，而是最能适应环境变化的物种。我们会展行业协会的所有会员单位就是这样的“物种”，脚踏实地勇往前行！祝福我们协会的所有会员单位、祝福中国、祝福世界！

上海华丽达视听科技有限公司董事长、总裁 **牛晓勇**

过去的“十三五”对会展业来说是稳步发展的五年,规模、质量不断提升,成绩斐然。2020 年在疫情的不利条件下,上海会展业仍交出了一份靓丽的成绩单。“十四五”业已开篇,我们相信挑战中孕育着新的机会和未来,只要我们勇于担当,携手共进,在政府、协会和各级领导的大力支持下,坚持以创新为驱动力,提供高水平的服务,上海会展业必将实现高质量发展。

上海炫动会展文化传播有限公司总经理 **浦 韵**

致我们一起走过的 2020

2020 年,新冠疫情肆虐全球,时至今日,媒体每日公布的数据,依旧以一个令人生畏的速度递增着。每一个冰冷的数字背后,都有一个鲜活的生命,还有为这个生命挂念着,并为之奋斗着的人。这个高速发展的世界被强行按下了暂停键,空旷的街道,清冷的市场,让我们重新审视了许多之前因为忙碌而被忽略的情谊,也让我们结交了许多新朋友。

对于我们备受冲击的会展行业来说,虽然大家之前都做着截然不同领域的展会,但是 2020 年,每个展会,无论面积大小,规模多少,都互相支撑着,扶持着,让行业逐步重新有了生机。

2020 年,苦难、危机和不安从年初到年尾,把整个世界都裹挟着,让人难以逃脱。一起走过艰难的 2020 年,让我们相信,未来依旧有阳光。

万达信息股份有限公司文化事业部总经理　**童　茵**

2020年，上海会展业积极应对新冠疫情挑战，统筹疫情防控和复工复展，持续推动本市会展业高质量发展。2021年是“十四五”规划开局之年，也是上海会展业迈向“国际会展之都”的重要一年。万达信息股份有限公司作为智慧城市领军企业，主动把握疫情防控常态化发展，打造上海政府“一网通办”服务，“随申码”上线仅两个月就被使用超过6亿次。2021年，万达信息将积极创新会展服务业新模式，通过互联网、云计算、大数据与人工智能等新一代信息技术充分赋能，进一步提高会展数字化转型建设服务水平。

上海西虹桥商务开发有限公司

新年开新局，风劲更扬帆

回望2020年，我们休戚与共。在全球疫情持续反复、蔓延的局势下，上海会展业没有被疫情吓倒，而是在艰难中坚定前行，成为经济复苏和市场需求强劲反弹的重要佐证。西虹桥商务区与上海会展业同行，作为国家会展中心（上海）所在地和服务保障中国国际进口博览会的前沿阵地，正以追江赶海的气魄和豪情全力打造“国际会展产业园”，推动上海会展业开创高质量发展新局面。百舸争流，奋楫者先。2021年，让我们乘风破浪、风劲更扬帆，演绎上海会展业更多精彩的“春天故事”！

上海绿地酒店旅游(集团)有限公司总经理　**李瑞忠**

日月其迈,时盛岁新。

2020 年是值得铭记的一年。这一年,面对前所未有的困难,绿地会展人初心不改、使命不怠,和行业同仁一起,在抗击新冠疫情的第一线、在持续开放创新的路途上、在高质量发展转型的征战中攻坚克难。

2021 年将是向新跨越的一年。站在两个一百年奋斗目标的历史交汇点,绿地会展将以成为中国会展业龙头企业为目标,携手各界,共同扛起历史赋予的使命,坚持新发展理念,构建新发展格局,以更加昂扬的步姿铸造新的辉煌。

祝愿在更加壮阔的新航程中,你我始终同行。

上海国展展览中心有限公司总经理　**吴江红**

“十三五”期间,上海的会展业取得了长足的进步,为国际会展之都的建设奠定了坚实的基础。“十四五”将见证上海会展业在质量、创新和影响力提升上的跨越。希望各位同仁迎接挑战,齐心协力,携手并进,为实现上海会展业更高质量发展贡献力量。

理 事 单 位

（按会员号排序）

中国国际进口博览局副局长
国家会展中心（上海）有限责任公司董事长　**孙成海**

2020年，第三届进博会是疫情防控常态化条件下我国举办的一场规模最大、参展国别最多、线上线下结合的国际经贸盛会，展示了我国疫情防控和经济社会发展的重大成就，传递出坚定扩大开放、共享中国大市场的积极信号。

2021年我们将立足新发展阶段，积极贯彻新发展理念，服务构建新发展格局，按照习近平总书记对进口博览会“越办越好”总要求，全力以赴办好第四届进口博览会，在以国内大循环为主体、国内国际双循环相互促进的新发展格局中发挥重要的功能性平台作用。

国家会展中心（上海）有限责任公司总裁　**唐贵发**

2020年国家会展中心（上海）与上海市会展业同仁们守望相助、共克时艰。在克服疫情影响的同时，与上海同行一起努力，稳住会展业基本盘，维护会展企业发展信心。

2021年我们站在新的起点，国家会展中心（上海）愿继续与大家共同携手，开启上海会展之都建设新征程，同心续写上海展览业发展新篇章。

上海纺织技术服务展览有限公司
Shanghai Textile Technology Service
& Exhibition Co.,Ltd.

上海纺织技术服务展览有限公司副总经理　**葛　瑾**

由于疫情的反复肆虐，会展行业处于前所未有的瓶颈期，我们需要做的是开拓新的办展思路，充分开发线上服务功能，“双线、双循环”融合推动会展业的发展。

中国经济发展良好，会展前景依然看好，会展行业在这个特别困难的时期更要坚定信心，上海会展业仍然大有希望，相信上海会展业的发展将会在“十四五”期间更上一层楼。

上海世贸商城
shanghaimart

上海世界贸易商城有限公司

我们做不到医护人员的“疫”无反顾，也做不到边检民警的逐“疫”排查，但在疫情面前，我们确有力所能及之事。

展会停摆不可怕，出行受阻确实无奈，但线上一样能见面。

愿所有展会人不惧困难，众志成城，严防当下，总能盼得春暖花开时。

上海美术设计有限公司
SHANGHAI ART-DESIGNING CO., LTD.

上海美术设计有限公司总经理　**沈　弘**

2021年，是中国共产党建党100周年，是“十四五”规划开局之年，也是全面建设社会主义现代化国家新征程开启之年。百年未有之大变局，带来了前所未有的新挑战，中国正从展览大国走向展览强国，上海也正在向国际会展之都迈进，上海会展业在全国乃至全球会展业有着举足轻重的地位。

上海美术设计有限公司作为上海会展业的一员，将与会展业同仁一起，迎接新挑战，抓住新机遇，扩大新动能，携手并进，砥砺前行，努力实现国际化、市场化、信息化、品牌化全方位创新突破，为上海会展业发展尽绵薄之力。相信未来，上海会展业必将稳立时代潮头，自信拥抱未来！

中贸慕尼黑展览(上海)有限公司总经理　**江　刚**

不可否认,新冠疫情的发生影响了2020年中国会展业的宏观环境,但上海作为中国乃至全球会展业发达的城市,依然凭借深厚的底蕴取得了较好的成绩;更有少数展会不怕千淘万漉,从中孕育新局,喜提新绩。

展望未来,“十四五”中国发展仍处于重要的战略机遇期,对于会展业来讲也正面临百年未有之大变局。2021年我们要上下求索,化钝为利,让会展业承担起“晴雨表”的责任,提振经济效益,展示社会成果,在后疫情时代中有序地步入下一个上升期。

上海国际展览运输有限公司

2020年,大疫当前,百业艰难,实“鼠”不易。2021年,危中有机,变中求胜,事在人为。新时期,新征程,在党中央和市委市府的坚强领导下,愿牛年不疫!在上海市会展行业协会的带领指引下,各会员单位的涓滴之力定将汇聚成磅礴伟力,在危机中育新机,于变局中开新局,披荆斩棘,冲破险阻,“牛”转乾坤!

杜塞尔多夫展览(上海)有限公司总经理　**马睿博先生**

“2020 was undoubtedly full of challenges for the global exhibition industry. Most events had to be postponed or cancelled due to the COVID - 19 epidemic, and Messe Düsseldorf was no exception. To fulfil the gap of not being able to meet, most organizers embraced digital tools. However, the successful restart of exhibitions in China after June shows that virtual exhibition is not a replacement of the physical event but a good complement. The face-to-face communication has proven its unbeatable value. A good proof of this proposition is the success of 6 physical exhibitions under MDS roof in the second half of the year with the pandemic stabilization in China. At present, vaccinations are being advanced in an orderly manner around the world. It is believed that international communication will be further restored afterwards. In 2021, MDS will usher in the return of 10 exhibitions to be held in China. It is expected that the total area will reach 600, 000 square meters, serving 8, 000 companies and over 400,000 professional buyers. We look forward to meeting you at these physical platforms again!"

"2020 年对于全球展览行业无疑充满了挑战，大部分展览活动都不得已推迟或取消了，杜塞尔多夫展览集团公司也不例外。为了解决短时间的困局，不少展会主办方引入了数字工具。6 月之后中国展览的成功举办表明了线上展览能够一定程度上为线下展会锦上添花，但不能完全替代后者。面对面的交流形式具有其无法比拟的独特价值。伴随着下半年中国国内疫情的趋稳，中国会展业再现活力，杜塞尔多夫展览上海（MDS）也以 6 场大型展会的成功举办为 2020 年画上了句号，这无疑印证了我刚才的观点。目前，大范围的疫苗注射正在全球各地有条不紊地推进中。相信随之也将进一步恢复国际往来。2021 年我司将迎来 10 场在华展会的陆续举办，预计总面积将突破 60 万平方米，服务 8 千余家企业与 40 万名专业买家。期待再次在这些平台上与亚洲乃至全球的新老朋友会面！"

（译文供参考）

欧马腾会展科技(上海)有限公司董事长　**王　翔**

2020年是中国会展人最难忘一年，在疫情的大背景下，上海会展行业仍旧取得了不俗的成绩。14个国际化展会入围《进出口经理人》杂志发布的世界百强商展榜单，入榜展会数量和规模在全球主要会展城市中位列第一，并且在错综复杂的大背景下顺利举办了第三届中国国际进口博览会展览，让全球会展人对上海取得的成绩都赞叹不已！作为一个从事会展行业近二十年的会展人，我为这些年来上海会展业的发展感到非常的欣喜，这与所有上海会展人的努力和奉献是分不开的！在“十四五”规划的开局之年，我衷心地希望上海会展业乘着全面建设社会主义现代化的发展春风，一路前行，再创辉煌；同时，也希望所有上海会展人砥砺前行，创造属于我们上海会展人更加璀璨的未来！

慕尼黑展览(上海)有限公司董事总经理　**徐　佳**

新的一年，作为协会的一员，慕尼黑展览(上海)有限公司会继续秉承追求卓越、探索创新的理念，在危机中以创新谋求先机，在变局中以突破开创新局，以线上线下双渠道融合的方式继续为展商、观众提供更多更优质的服务。同时也相信，新的一年在协会的带领和大力支持下，整个会展行业都能顺利渡过难关、抓住机遇，创造出新环境下的新展会模式，打造展会新生态圈。

上海荷玛展览服务有限公司总经理　**傅　强**

2020年，在新冠疫情的严峻挑战下，上海会展业同仁克难而上，积极复工复展，为上海打造“国际会展之都”奠定基础。

2021年，愿上海会展业能以高昂姿态，一如既往，砥砺前行，光耀全球；期待春暖花开疫情散，我们也能“春风得意马蹄疾”。

一元复始，万象更新。祝愿我们每一位会展人在新的一年里，身体健健康康，事业蒸蒸日上，也祝愿上海会展业能如“大鹏一日同风起，扶摇直上九万里”！

上海中展展览服务有限公司
Shanghai Sunrise Expo Service Co., Ltd

上海中展展览服务有限公司

受新冠疫情影响，上海市各类展会活动举办数量及规模较上年有明显下降。如今采取了传统会展+数字化的双线会展模式，将数字化技术与线下会展活动紧密结合，将企业、客户、线上、线下形成四点联动，打通关系流与信息流，线上线下发挥各自的优势，互补各自的瓶颈，双线驱动效果叠加！未来几年，疫情防控常态化，会展行业将面临更大挑战与机遇，但我们一定能克服困难，坚信会展行业会越办越好！

上海美克展览服务有限公司总经理 **吴 斌**

2020 已经成为过去，
有伤口的，祝你早日愈合，
带着新生走向 2021，
消极颓废的，愿你抬头永远向前看，
振奋起精神迎接 2021，
空虚无聊，虚度光阴的，
愿你点起心中的理想，
让他的光芒指引你走进 2021，
珍惜曾经，把握年华，
时间记录着你的脚步，
业绩肯定了你的努力，
珍惜拥有把握机遇，
2021 再创辉煌！

汉诺威米兰展览（中国）有限公司董事总经理 **刘国良**

回首 2020 年，受疫情影响，我们风雨兼程，但在上海市会展行业协会的支持下，我们不仅正式成为理事单位，而且展会也如雨后春笋般焕发勃勃生机。展望 2021 年，正值“十四五”开局之年，我们信心满满，借用德国谚语“天黑透了的时候，更能看得见星光”，我们汉诺威米兰展览与大家携手共创辉煌！

Reed Exhibitions®
励展博览集团

北京励德展览有限公司上海分公司

在技术赋能、消费驱动、产业升级的不断推动下，在双循环下的中国经济发展中，会展业促进贸易发展的作用将愈加显著。会展平台具有天然的"连接"和"共生"能力，应充分利用技术优势，建立数字化通路，共享全球资源，突破时空限制，为会展产业服务，形成全新价值。

在新的一年里，我们满怀希望和梦想，为行业、为社会聚合更加多元的平台，提供更加专业的服务，创造更加丰厚的价值。

2021 年，愿山河无恙！国泰民安！不负年华！

上海兰凯展览展示设计有限公司总经理 **杨可可**

浩渺行无极 扬帆但信风

2020 年新冠疫情席卷全球，会展业的同仁们同舟共济，稳中求进，在逆境中交出靓丽的成绩单。

2021 开局之年，会展行业作为扩大内需的重要一环，纵使身处百年未有之变局，仍需勇担行业使命。明者因时而变，知者随事而制，让我们携手共进，竞合有序，在危机中育新机，于变局中开新局。转型升级、科技赋能、创新驱动，如此必将在逆境中破茧涅槃，上海会展行业也必将借"十四五"规划东风上新台阶！

功崇惟志，业广唯勤。衷心祝愿诸位同仁上下求索，朝夕不倦，为上海会展业的繁荣发展注入不竭的动力！

uniplan

德商优尼博览咨询(上海)有限公司

新年到,新开始,换新颜,更努力。不平凡的 2020 年已经过去,但疫情尚未结束,挑战与未知的风险也并未离我们远去。

望会展人在新的一年继续携手并进,不松懈,不懈怠,努力奋斗,再创辉煌。

2021 年农历辛丑年(牛年),“牛”转乾坤,2021 更美丽!

Kingsmen

金明展示工程(上海)有限公司

2020 年是充满挑战的一年,突如其来的新冠疫情,让竞争激烈的会展行业面临着犹如大浪淘沙般的严峻考验。金明集团从会展行业起家至今已经超过 45 年,对于会展我们一直抱有充分的信心和热情,自始至终都相信众志成城终能战胜疫情,而会展行业也终将迎来新的春天。

名唐展览服务(上海)有限公司董事总经理　**钟智斌**

2020 年新冠疫情肆虐全球,对会展行业来说是极富挑战性的一年。国内外会展一度停摆,我们经过沉淀与思考,以创新的思维与扎实的经验应对前所未有的多变环境,看准时机突破重围。

2021 年我们已迈进了防疫的新常态,相信会展行业定能坚守防控与安全工作,在挑战中孕育更成熟的运营模式,令上海会展业能够走得更远更成功!

灵通展览系统股份有限公司展览事业部总经理兼总裁助理 **杨科德**

尽管2020年困难重重，上海会展业依然凭借良好的科学防疫与严密防控措施实现了进步与创新，尤其是第三届进博会的成功召开，更是给予全体会展人在防疫常态化的前提下办好展会的充足信心。2021年，是"十四五"规划开局之年，更是中国共产党百年华诞之际，机遇与挑战并存，相信在这一年，上海会展人将进一步发扬砥砺前行的奋斗精神，用智慧与坚毅推动上海会展业取得更进一步的发展。最后，衷心祝愿新的一年国泰民安、繁荣昌盛，中国会展业越办越好！

上海第二工业大学会展经济与管理专业负责人 **辜应康**

2020年新冠疫情打乱了会展业的发展节奏，但上海会展行业并未因此而停滞。唯其艰难，方显勇毅，唯其磨砺，始得玉成。最艰难的时刻已经过去，2021年已经到来，上海第二工业大学将坚守初心、勇担使命，不断创新人才培养模式、提升人才培养质量，继续与上海会展企业、协会和政府主管部门一道，勠力同心、携手奋进、转变观念、加强合作，共同克服疫情防控常态化下会展业面临的新问题与新挑战，推进上海会展业高质量发展。

BrandNation
品邦广告

上海品邦广告有限公司总经理 **马　华**

2020年太难了，不容易，还活着！新冠疫情的冲击、中美贸易摩擦加剧、会展行业内循环竞争激烈，业绩下滑、人心涣散、亏损严重，但同仁们仍坚守岗位、不言放弃，稳步推进复工复展。

2021年是"十四五"规划的开局之年，尤其是在疫情防控常态化下，上海的会展业面临更大的挑战和机遇。如何突围？我们要重新定位业务模式、经营模式、盈利模式，调动一切可以调用的资源，补缺补短，力争业绩倍增，收入提高。

风語築
CULTURE & TECH

上海风语筑文化科技股份有限公司

风语筑作为中国数字展示行业龙头企业，拥有强大创意、设计和内容制作能力，并掌握 CG 特效、人机交互、裸眼 3D、全息立体成像、5G 云 XR 展示、AI 人工智能、大数据可视化等关键技术手段。疫情后的新世界，公司将继续用数字科技与艺术设计为会展行业输入创新创意的展陈展示内容与技术手段，并着力探索在线经济与会展经济的相互融合，助力上海会展业的进一步发展。

上海贸促展览展示有限公司总经理　**许润禾**

2020 年是特殊的一年，面对全球经济下行和新冠疫情的双重压力，会展行业的同仁们以坚定的信念和团结的精神一起挺了过来，这是非常不易的。展望 2021 年，困难依然存在，但危难中也孕育着新的机遇。如何把握好以国内大循环为主体、国内国际双循环相互促进的新发展格局，紧跟上海城市数字化转型的重大战略，做到“乘势而上，守正创新”是会展行业可持续发展的重要条件。新的一年，我们愿与大家一起迎接挑战，继续发挥好产业风向标作用，助推全国经济复苏，共谋会展行业的转型和发展。

上海飞来飞去展览设计工程有限公司董事长　**杨青青**

我们要思考艺术与科学的转化，科学作为人类社会的重要的文化现象，与艺术在本质上是融通的、跨越的、转化的。科学赋予艺术新的视觉、听觉、触觉等形式，也让美学观念不断变化。

我们要打造的展览新标准，不但是艺术与科学的不断转化创新，也是科学发展观在当下国家和社会在文化建设中的重要展现，有文化建构的高度。

上海八彦图信息科技有限公司首席执行官　**万　涛**

过去的十年，是上海会展业高速、高质量发展的十年，会展经济“领跑”全国，上海展览数量和展览面积等多项指标均居国内首位、跻身世界前列。会展业呈现国际化、专业化、市场化、品牌化、数字化发展趋势，31会议有幸受惠行业的蓬勃发展并参与了上海乃至全国会展业的数字化建设。2021年，是“十四五”开局之年，也是建党100周年，站在新征程新起点，我们对上海的会展业发展充满信心，我们坚持创新发展，为行业书写新的篇章！

CECIS

上海长风跨采投资有限公司副总经理　**李庭文**

上海是一块充满机遇的热土，希望在全体会展人的共同参与和努力下，上海会展行业发展朝着市场化、品牌化、国际化更上一层楼，愿我们同舟共济、团结一心、众志成城，新的一年里，在疫情防控常态化的特殊情况下，披荆斩棘，再创辉煌！

轩维策划 XUANWEI PLANNING

上海轩维企业形象策划有限公司

2020年是风雨兼程的一年，更是我们行业最艰难的一年，在这一年里，大家众志成城，抵抗疫情，不忘初心，砥砺前行，抗风抗压抗病毒，隔人隔路不隔心，唯一不忘经济复苏，助国兴盛。转眼间到了2021年，希望我们与协会同舟共济，互通信息，愿协会万商云集，大展宏图，源远流长！

新怡展(上海)展览展示有限公司

2020 年是极不平凡的一年,甚至可以说是惊心动魄的一年,我们会展行业受到新冠疫情的强烈冲击,经历了前所未有的寒冬。疫情打乱了我们所有的计划和节奏,会展人面临前所未有的挑战和困境。

历经种种考验,我们迎来了 2021 年,让我们以更坚定的信念,积极昂扬的斗志,顺应行业发展新趋势,积极探索新的展览服务模式和多元化展览业态,为把上海建成“国际会展之都”贡献力量!

只争朝夕,不负韶华!会展人加油!

上海汇展信息科技有限公司合伙人　**郑路逸**

“雄关漫道真如铁,而今迈步从头越。”上海会展业在“十三五”收官之年遭遇疫情大考,在复工复产之后上海会展人齐心协力,最终顺利交出了一份令人满意的答卷。2021 年恰逢“十四五”开局,希望全体上海会展人再接再厉,在建设“国际会展之都”的征程上奋发图强。作为商务部展览业重点联系企业,上海汇展也会继续为上海乃至中国会展业的发展添砖加瓦。上下同欲者胜,同舟共济者赢,在党的坚强领导下,在协会历任领导的关心和指导下,上海会展业的明天一定更美好!

上海群翊广告有限公司行政人事主管　**朱懿璐**

2020年，百年未有之大变局。

我们共同战疫，共同见证——中国精神。

无数人站出来，为同胞，最美逆行，负重前行，命运相连让我们如此紧密。

感谢为这个时代奋斗的每一个战士，大家，辛苦了！

在我们内心深处，始终相信，人人可以肆意欢笑、敞开拥抱的，那个春暖花开的日子，虽会迟到，但一定会到！

身为上海会展业的一员，群翊将贡献自己最大的力量，和人民站在一起。

我们太需要一场仪式，一场充满祝福的、终于盼出头的、宣告胜利的仪式。

我们期待着，共勉！加油！

上海市会展业促进中心主任　**徐彦雯**

2020年，突如其来的新冠疫情使上海会展业被迫按下了“暂停键”，全体会展人迎难而上、奋勇攻坚，化危为机、抢占先机，努力克服疫情影响，探索创新办展模式，交出了一份来之不易的靓丽成绩单。

2021年，我们将在疫情防控常态化背景下，着力创新展会服务模式，培育发展新动能，推动数字化转型，发挥会展业在上海打造国内大循环的中心节点、国内国际双循环的战略链接中的积极作用，以优异成绩迎接建党100周年，为服务构建新发展格局、创造新时代上海发展新奇迹做出贡献！

raumtechnik 3-D-Marketing

蓝泰展览工程服务(上海)有限公司

过去的一年是不平凡的一年,会展产业沉浮不定。蓝泰如大多数企业一样,受到新冠疫情的冲击,但挫折打不垮我们。正如习近平总书记所说:“艰难方显勇毅,磨砺始得玉成”。蓝泰公司上下对总书记的回应:“千磨万击还坚劲,任你东西南北风”。2021 年,蓝泰将坚守始终如一,以品质至上的品牌传承,发扬“扎根中国、服务中国”的理念。与会展业各位伙伴一起,开创充满希望和朝气的后疫情展览时代。

数展

上海数展电子商务有限公司

面对后疫情时期会展行业面临的新环境,我们公司将在上海市会展行业协会引领下,奋力拼搏,积极探索和创新,深入思考在新形势下的变革思路,坚定以服务质量为核心,不断提升变革创新的能力,众志成城,共克时艰,再创佳绩。

艺搭环保科技(上海)有限公司总经理 **陆晓青**

世界上一切事物都在不断加速迭代与演变,我们需要不停地学习与适应,不能只靠着之前的经验来判断,要学会用最简单与最具想象力的经营模式!

经历了 2020 年的疫情,上海展览行业逆势发展,我们拥有着坚忍不拔的毅力以及超强的应变能力,疫情期间线下展会观众依旧川流不息,线上会展也如火如荼地开展,上海会展人在疫情期间不忘练内功,未来纵是千变万化,我们依旧能乘风破浪!

2021,祝福大家所求皆如愿,所行化坦途!

鸿量联采

上海鸿量联采贸易服务有限公司

当今世界，百年未有之大变局进入加速演变期，新冠疫情全球大流行更加速其演进，全球经济低迷，会展行业遭受严重打击。然光荣之桂冠从来为荆棘所编织，会展业同仁当克服重重险阻，稳步复工复产，严格做好疫情防控并办好、办精会展系列活动。

眺望前方，阳光和风雨兼程，中国经济持续复苏、形势向好。新的一年，鸿量联采将全力配合协会的工作，我们有信心、有理由相信在中国共产党建党100周年及“十四五”规划开局之年，会展业同仁们能直面疫情防控常态化管控形势，启航新征程、谱写新篇章！

上海灵硕展览集团有限公司总裁　**吴　鹏**

新冠疫情放缓了全球会展业的发展步伐，但疫情终将过去，会展业的春天即将到来！上海作为全球会展新高地，将会爆发出更加强大的发展势头。2021，灵硕展览集团将继续奋力前行，逆势而上，为上海会展业发展贡献自己的力量！加油灵硕，加油上海，加油中国！

太平洋保险 CPIC

太平洋保险产险上海分公司总经理 **徐 峰**

上海会展业的同仁们共克时艰、同舟共济，携手度过了艰难的 2020 年，并交出了一份亮丽的成绩单。

一切过往，皆为序章。在“十四五”规划的开局之年，在大循环、双循环的新发展格局下，祝愿上海会展业能够乘势而上、蓬勃发展。太保产险上海分公司，作为上海市会展行业协会的一员，在疫情防控常态化的大环境下，将积极发挥社会稳定器的作用，为会展业的发展保驾护航，为全面建成“国际会展之都”贡献智慧和力量。

上海东浩兰生网络科技有限公司

共克时艰，战胜疫情。线上展会，发现精彩。

交 流 篇

守望相助　共克时艰
一同谱写上海会展业发展的新篇章

国家会展中心(上海)有限责任公司

在全国奋力抗击新冠疫情,会展经济面临着前所未有的巨大挑战之时,国家会展中心(上海)有限责任公司(以下简称"国家会展中心")在市商务委指导下,在市会展行业协会的关心和协助下,在会展业同仁们的支持、帮助和参与下,取得了一些成绩,为上海建设国际会展之都贡献了绵薄之力。

一、面对新冠疫情，国家会展中心(上海)与各方风雨同舟、守望相助

从2020年1月24日开始，国家会展中心高度关注新冠疫情发展态势，提早部署并落实了防疫工作。在长假期间，自主建立了疫情防控领导小组和防控方案。会展行业作为人流密集型行业，各项经营活动不可避免地受到巨大冲击，在整个行业面临停业的时候，我们深知信心和团结比金子还重要。为此，国家会展中心作为国有企业，提高政治站位、积极主动作为、落实社会责任，第一时间向湖北省慈善总会捐款500万元，驰援湖北决战决胜疫情防控阻击战。为了维护会展业的繁荣发展环境，尽可能减少优质展览、会议项目的运营压力，在上海市会展行业协会的支持下，主动会同上海新国际博览中心、上海世博展览中心、上海国际展览中心4家展馆，共同发起行业倡议，号召业内同行同舟共济，尽可能排出更多的档期资源，优化现场服务措施，维护好中小微会展企业的生存环境，争取更多的展览会议得以延续举办。恢复办展以后，我们遵照国务院、上海市相关指导意见，按照“谁举办、谁负责，谁组织、谁负责”的原则，协助主承办方制定疫情防控方案，建立联防联控机制，下半年共承接各类展会活动约430万平方米，其中因延期举办或承接外部展览230余万平方米，落实了倡议承诺和政治担当。

二、履行国企社会责任，落实统筹推进疫情防控和经济社会发展要求

除了会展主办方，中小微会展企业的抗风险能力也是有限的。我们严格落实国务院和上海市有关政策，对符合条件的130多家商业和办公楼租

户减免相关费用约 4 000 万元，并指导商家租户做好复工防疫准备，提供消毒和防疫物资，配合属地政府帮助商户有序复工复产。

此外，我们还积极响应号召，加入上海夜生活节系列活动，提振夜间经济，点亮“夜上海”。在 2020 年 6 月份的两个周末，首次开办“赏灯会、逛国展、看进博”主题夜市活动，这也成为我们盘活商业场地、培育新型业态、进一步抓好进博会溢出效应的全新尝试，为会展场馆多业态发展提供了新的可能。

三、科学防控、精准施策，第三届进博会实现圆满成功举办

2020 年 11 月 4 日晚，第三届中国国际进口博览会（以下简称“进博会”）开幕式在上海举行，习近平总书记发表主旨演讲。经过 3 年发展，进博会规模越来越大，质量越来越高，国际影响越来越广，成为享誉全球的国际一流展会。尤其是 2020 年突如其来的新冠疫情给各国带来严重冲击，也给世界经济带来重创，国际大型展会相继暂停或取消。在以习近平同志为核心的党中央坚强领导下，在确保防疫安全前提下，第三届进博会如期高质量举办，国际公共产品的属性进一步体现，高质量发展载体的功能进一步强化，办成了一届“安全、精彩、富有成效”的全球贸易盛会。多国官员和专家学者高度评价中国成功举办进博会，认为这释放出中国全面扩大开放、与世界共赢的积极信号，有利于增强全球市场信心，为国际经贸合作与世界经济复苏注入宝贵动力。

在第三届进博会筹备期间，国家会展中心坚决把防疫安全放在第一位，充分发挥制度优势，通过强化机制保障、科学精准施策、突出防控重点，成功探索出一条疫情防控常态化下安全办展的新路径。目前，国家会展中心正在全方位总结进博会的疫情防控工作经验，形成了一套应对公共卫生

突发事件的办展方案，已经向全国会展业标准化委员会报审，争取早日获批成为国家标准。

2020 年，在会展业乘风破浪、砥砺前行中，我们看到了上海会展业同舟共济、守望相助、难能可贵的良好发展环境，作为在上海的会展企业我们感到无比庆幸，对今后上海会展业的发展更加充满信心。

2021 年国家会展中心将继续在商务委、协会的支持与指导下，与在座的各位一道维护好上海会展业的良好发展环境，在服务“国际会展之都”建设、长三角一体化发展，服务上海打造成为新发展格局的重要连接中发挥更大、更重要的积极作用。

博华展览互联网战略在抗疫特殊时期的实践

上海博华国际展览有限公司

2020年新冠疫情严重地打击了博华的展览业务，博华上半年展会纷纷延期，延期展会面积超80万平方米，涉及的展会有3、4月的酒店及餐饮业博览会，酒店工程及商业空间系列展、游艇及休闲系列展、古镇灯博会，以及6月的制药原料展、加工包装，食品配料及大健康系列展。在市商务委的协调指导下，在市会展行业协会的关心牵头下，延期的展会在各大展馆的全力支持下，很快落实了下半年延期的场地档期，确保了博华在疫情之下的线下展达到了99万平方米的展出规模，博华深深感谢会展行业协会的关心支持，感谢国家会展中心、上海新国际博览中心、世博展览馆作为场馆方对博华展会在最困难的时候给予的实实在在的帮助，以及与博华业务密切合作的各个供应商团队，大家彼此理解，同舟共济，共渡难关。2020年我们所有会展人都不容易。

尽管博华有这样的办展成绩，但是较2019年150万平方米的历史最高，我们线下展会还是有很大幅度的下跌，一直处于快速上升通道的展会业务在新冠疫情的打击下戛然而止。当线下展会遭遇严重挫折的时候，博华人必须创新自救。危急时刻，博华苦心经营十几载的线上业务及时站了出来。各展纷纷转型线上，大力发展线上B2B、B2P、B2C业务，同时积极开展“云展会”“线上直播”“线上论坛”“线上贸易采购配对会”等诸多活动。公司所有的日常会议室变成了档期满满的直播间，就这样2020年上半年博华B2B网站的整体流量同比增长达40%，为下半年的线下展造势预热，不断增强客户与展会的黏性。

以个展举例，为了应对新冠疫情对海外市场造成的影响，博华家具展2020年特别推出了长达3个月的Digital Trade Show线上展览会（2020.8.8—10.8）为外贸出口企业搭建家具、家居、原辅材料等多品类线上商贸展示平台，促进跨境贸易供采的高效对接。倾力打造"云看展+实体展会"双平台的运营模式，助力家具企业迅速破局。线上展已上线企业581家，上线产品18 300余款。与浙江省商务厅联合举办的12场浙商专场活动，更是敢为人先，共创线上家具外贸新航道。6月在线注册订阅启动至今，线上展已获得来自136个国家的8 430名专业买家的注册和订阅；8月8日正式上线后，浏览量已超过60万人次。"双循环发展格局"已成为推动中国全面发展的中长期战略，深耕国际国内两个市场的博华家具展，自然也紧追国家步伐，凭借积聚了27年的行业经验和高人气，帮助企业内拓市场、外链全球，更好地利用国内国际两个市场、两种资源，打造增长新引擎。

11月的FHC上海环球食品展面临海外疫情严峻形势下绝大部分国家展团撤展的客观现实，主办方围绕着一切以客户为中心的战略思路，为促进食品贸易双循环，推动食品外贸企业拓展国内市场。博华联手中国食品土畜进出口商会在FHC上海环球食品展现场特别设立出口转内销专区。专区惠及了来自湖北、江苏、新疆、福建、山东、安徽等省市约70家出口企业，收到良好的社会及经济效应。

延期后在上海新国际博览中心开幕的CPhI & P－MEC China制药原料中国展是重磅开启制药工业的年度压轴盛会。作为现阶段英富曼集团制药原料全球系列巡展中唯一一个可以顺利召开的线下展会，受到各方关注。有3 000余家企业在现场展出，展会规模突破了20万平方米，再现了久违的新国际广场上的临时篷房展厅。除了为期3天的线下展会外，展会主办方还于11月18日—12月18日期间推出"VEC在线展会（Virtual Expo Connect）"，历时一个月，再次尝试与12月线下展会紧密结合，为不能亲临现场的海外观众与中国供应商搭建起一个数字化的贸易交流平台。具体举措如下。

（1）搭建在线展厅，营造数字化迭代下的云商平台。3 000 多家优质参展商拥有属于自己的全英文 24 小时“在线展厅”，覆盖 14 个产品类别，面向国际买家全面展示最新产品、技术和服务。买家通过企业名、产品名或展位号即可搜索并查看详细的公司介绍、产品图片和证书，并可直接向展商发起视频邀约，建立联系。

（2）云商贸洽谈，开启定制化合作空间。展商可通过“在线贸易配对系统”根据目标客户的业务领域、职能部门、国别等维度，精准搜索、浏览、定位并邀约海外客户。该系统不仅支持展商和买家的双向邀约，还可以预约视频会面，实现“屏对屏”洽谈。展商还可以充分利用展前和展中时间，高效管理线上会议日程，实现与 CPhI & P－MEC 线下展会的紧密结合，在云端收获更多合作。

同时，主办方定向邀请 100 余位来自欧美、东南亚、中东、非洲等地区的具有实际采购需求的专业海外买家入驻“特邀买家视频洽谈会”，在专属客服的帮助下为符合需求的展商提供定制化的精准匹配服务，并安排供采双方在 12 月线下展的 3 天里进行集中视频商洽。通过搭建“一对一”视频商洽空间，实现高效商贸对接和精准客户挖掘。

（3）主题直播逛展，高效探秘优质展商。作为线上平台与线下展互动的特色项目，主题直播逛展是展商向海外观众展示并树立企业国际品牌形象的推荐活动之一。12 月 16—18 日，展会主办方精选制药原料、药用辅料、合同定制、天然提取物、包装材料、实验仪器六大主题直播逛展线路，带领线上观众高效探秘优质展商。

此外，CPhI 在线展会还开辟了“特邀企业访谈”“云高峰论坛”等各项功能，延伸参展企业属于自己的竞技场，直击全球制药最新动态。

以上各展的案例体现了 2020 年疫情期间复工复展方面，博华始终贯彻的一个共性，就是始终强调线上线下展的互动结合，高度重视互联网战略，围绕一切以客户为中心的根本思路，体现一个负责任企业的大局观和社会责任感，与社会各界和行业各方同进步、共进退。

破局赋能　共谋未来

上海市国际展览有限公司

新冠疫情暴发以来，中国乃至全球会展业都面临着前所未有的危机与变革。为全面贯彻落实中央关于创新展会服务模式的重大部署，根据上海市促进在线新经济发展行动方案的要求，上海市国际展览有限公司（以下简称“上海国展”）积极投入到“会展数字化”的新赛道，力争打造会展业务创新发展的重要抓手和新的增长点。

一、成立云上会展有限公司

在上海市委市政府的关心和领导下，上海市贸促会、上海国展与阿里巴巴集团共同组建了云上会展有限公司（以下简称“云展公司”），并于2020年5月7日在上海展览中心启动了云上会展公司首秀暨2020新车“云发布”。市委书记李强出席了活动，贸促会会长周敏浩和阿里巴巴集团董事会主席兼首席执行官张勇做了发言。

2020年，云展公司共承接展览会项目16个，其中上海项目7个，全国其他省市展览会项目9个，主要工作有以下几个方面。

（一）立足上海高地，辐射全国市场，抢抓机遇迅速启动云展业务

2020年，云展公司重点服务了如上海书展、上交会云上海外展、长三角文博会、上海旅游节云游节等上海市重点项目，并承接了包括全国糖酒会、东盟博览会等9个上海市及其他省市的重点项目，实现了云展业务的

全国战略开好头、起好步。

（二）立足技术创新，深挖行业需求，打造功能亮点与核心优势

依托阿里巴巴的技术力量，云展公司组建了近百人规模的产品技术开发团队，从 5 月份启动云上会展 APP 开发和云展平台建设以来，云展主线产品基本保持着“3 周一迭代”的产品更新优化频率，通过快速响应和主动引领来确保云展平台的竞争优势。

（三）精诚合作，拼搏奋进，锤炼数字会展领域新“铁军”

云展公司团队由贸促会和阿里巴巴共同组成，两支队伍紧密团结、精诚合作、融为一体，以“逢山开路，遇水搭桥”的闯劲，以“排头兵、先行者”的创业精神投入到云展平台工作中。

二、线上线下同步，双融双促

（一）迎难而上，全力举办各项实体展会

2020 年公司共举办展览项目 7 个，圆满完成了第三届进博会汽车展区的筹备和服务保障工作，以及婚纱、儿童、摄影展、模具展、染料展和“一带一路”名品展（重庆）。

（二）实体展会的数字化实践

1. 云上“婚纱、儿童、摄影展”

第 37 届上海国际婚纱摄影器材展览会携手第 22 届上海国际摄影器材和数码影像展览会、2020 上海国际儿童摄影展览会作为全市第一批复工试点项目于 2020 年 7 月 8 日—11 日开幕，展出总面积 12 万平方米，展商数近 600 家。该届展会首推 OAO 联展模式，是全市首个线上及线下同

时举办的展会，打造展览生态体系的新模式。

该届展会启用了数字化虚拟展馆，通过“云展示+云直播+线上下单”的形式丰富参展企业多维度的展示渠道，便于采购商通过“云上展”全方位了解海量新品，精准实现智能导购、一键询盘、极速洽谈以及直播实时互动，数字信用机制充分保障交易安全。此外，云上会展充分发挥包括达摩院与阿里云行业领先的三维建模和 MR、AR 等技术打造“看展机器人”，智能导览 500 余家展商以及 20 多场同期活动，真正实现“一展全球通”。

2. 云上“染料展”

第二十届中国国际染料工业及有机颜料、纺织化学品展览会于 2020 年 11 月 8—10 日开幕。展出总面积 4 万平方米，吸引来自 12 个国家和地区近 500 家企业参展。

该届染料展也同时推出线上平台，让参展企业的产品在云端最大化呈现，助力各企业拓宽宣传纬度。除了线上展示，染料展线上平台通过贸易洽谈、在线询盘、名片交换等商贸功能，与海内外买家建立联系，线上线下并行，实现产需见面到交易完成的闭环。展会现场还设有“云展洽谈区”，方便展商和客户连线。印度展团、中国台湾展团等也相继以云展形式加入，收获了良好的效果。

2020 年突如其来的疫情确实给我们带来了很多冲击，但阻挡不了中国会展业发展的脚步。在这个新的转折时刻，作为中国会展业的重要力量，上海国展愿意与大家共克时艰，携手发展，共同迎接时代赋予我们的使命和担当。

上海展区背后的故事

上海外经贸商务展览有限公司

这排“红房子”为什么这么“红”?

四叶草型的中央广场,一排“人”字形屋脊的红房子蜿蜒其中。红房子的一边是大雅之堂的恢宏之气,另一边是市井人家的烟火之气。这就是2020进博会上海综合形象展区。它有一种神奇的魅力,能让绝大多数观众停下脚步,走进去一探究竟。开展至今,上海展区已经陆续接待了超过20批来自海内外的重要嘉宾,获得了高度认可和实名点赞。

好的展览会说故事。“好故事先要有好主题。2020年,从设计整体结构开始,到展陈再到互动装置,我们都围绕习近平总书记提出的‘人民城市人民建,人民城市为人民’的总要求来定位,同时以市委九次全会‘五个人人’的具体要求来谋篇布局。这一主题统揽全局、站位很高,是在市商

务委领导的具体指导下，经过反复讨论策划确定下来。”连续两届亲自挂帅、领衔策划进博会上海综合形象展区的东浩兰生项目总负责人表示，“好主题好故事还要有好的表达。我们始终坚持对展览背后内涵的挖掘，以观众的参与性和互动性为先，专注做有故事的沉浸式展览，以及展览的创新。”

为了这个初心，在市商务委的统筹安排下，东浩兰生整合了包括同济创意设计学院、那行文化、周到上海、欧普照明设计等 7 个跨界团队，集结了近百位专业人员，走访了数十家企业及机构，组织了多场大型头脑风暴，奋战了 3 个多月，最终交出了这排闪亮进博会全场的红房子。“我们挑选了红色代表上海的城市精神，并模拟尝试了不同色号在光线下的效果。现在，上海馆可以说是这条街上最‘亮’的展区。”

“这次策展最大的难度在于，我们想说的太多，然而给我们的舞台只有 243 平方米。”一千个人眼中有一千个上海、一千种美好生活，如何在有限的时间和空间里，说好上海的“五个人人”？联合策展团队数易其稿，最终决定“以小见大，以心换心”，把“螺蛳壳里做道场”的精神运用到展陈设计的精细化中去。“我们把每一个魔盒当一个展览会来做，每一个 10 平方米都能当 1 000 平方米来看。”

所谓“以小见大”，一方面是以小人物的视角去展开上海的美好生活。

所以，有了戴上 VR 眼镜滨江骑行，有了打卡白七网红咖啡馆，有了光明流动早餐车和盒小马的“网定柜取”，甚至还有“一网通办”的超级自助终端，让你体验就近办、自助办、马上办。而这些其实都是普通上海人的日常和小确幸。另一方面，则是以小场景去表现时代大变迁的碎片。这里是小红书主播“种草”现场，也是小红书缔造的世界性交流平台；这里有非遗传人的表演，也有“文化与时代一同进步”的理念；这里展出英雄联盟 S10 的奖杯，也展出全球“电

竞之都”的一个侧面。这里看得到我们熟知的“老”商品，也看得到老字号“守得住经典，做得了网红”的决心。这里展现了城投、爱回收的垃圾分类细节，也展现了“垃圾分类”的绿色新潮流。

而在“以心换心”上，联合策展团队考虑更多的是，不同的人生活在上海的痛点是不同的。老人想的是如何度过有质量的晚年，年轻的父母考虑的是小孩是否能就近入一个又便宜又好的托育园，来上海创业发展的人考虑的是上海的人才政策以及办事效率。如果他们来看一个上海美好生活展的话，最会打动他们的是什么？“‘老小旧远’这个单元就让我们深受触动，老公房里加装电梯对老人真的是太重要了。如果有电梯的话，很多老人就会获得满满的幸福感。”于是，上海展区就有了一部特殊的加装电梯，你选择不同的楼层，就会看到一个不同的关于“老小旧远”的真实案例。甚至旁边还有一位“保姆机器人”待命，用高科技向你描述更好的未来图景。

“做这个项目最大的好处就是，我们把上海所有的美好生活都体验了一遍。而我们也希望把尽可能多的美好，通过展览的方式告诉更多的

人。”20 栋红房子，宛如 20 个漂亮的魔盒，寓意着每打开一个魔盒，就能找到一份美好生活的小确幸。在这里，你会在贵州的非遗竹编篮子里找到来自上海老字号的经典美食。你也可能会被橱窗里一支书写格尔萨文化的英雄钢笔所吸引，品味文化的传承。你应该会细心地察觉到，展区外的水草来自上海的滨江，墙面中藏着孩子们与艺术家共同创作的“喜欢上海的理由”。生活就是邂逅，而在上海，你能够邂逅更多的生活。

“243 平方米很小，但它可以是一个更美好的开始。我们可以把其中的每一平方米，再衍生出 243 平方米，去获得更多人的共鸣共情。同时，我

们也打通了线下展览和线上云展，以展览+互联网的方式去拥抱更多的观众。”除此之外，在夜晚时分，那些通过无线蓝牙控制系统控制的导轨灯也照彻整个上海综合形象展区，让“红房子”在夜色中闪亮依旧，一如很多人眼中对上海的印象。

对于“上海红房子”的精彩呈现，市商务委副主任刘敏表示：“策划、布展的过程是我们对总书记重要指示和市委全会重要精神的再学习，也是各相关部门协力支持的结果。目前传统会展公司已经转型升级，从微观主题展商变成资源配置型的集成服务商。”她表示，“明年我们会再接再厉，指导展商在进博会上呈现一个更加精彩的城市形象展，让魔都之魅力打动所有参观者的内心。”

“城市，让生活更美好。”上海展区引人驻足留恋的魅力，其实源自每个人心中那份温暖、认同和归属感的共鸣。让追梦的人找到梦，让素不相识的人得到关怀，让思乡的人回到家——打动人心的，其实正是上海这座城市本身的魅力。

引领先机　赋能美妆

上海百文会展有限公司

2020年，面对疫情的大考，上海百文会展有限公司在上海市会展行业协会的带领下积极行动，一方面通过有关方面呼吁重启展会、协调新展期，另一方面积极升级预登记实名制系统，制定现场防控为主的防控方案，探索云展会模式、快速做出一系列重大调整、沟通展商和买家、精准组织传播等，使得延期后于2020年7月9日—11日在上海新国际博览中心举办的第25届中国美容博览会（CBE），取得"安全、有效、人气旺"的成效，业绩斐然：22万平方米的展览面积，3 000家覆盖全产业链的展商，10 000多个国内外品牌，"CBE云逛展"32万浏览量，2亿的线上曝光量……

作为2020年全球范围内首个超20万平方米的大型展会，CBE充分发挥展会优势及平台效应，助力美妆产业积极抢占市场先机和主动权，出色地起到平台的引领和助推作用！

展会呈现如下五大亮点。

一、双线赋能，创新数字化展会新模式

第25届CBE适时推出云逛展项目，打造一个赋能贸易、传播的线上平台，云展示3 000余家参展企业贸易资讯，云邀约精准买家，带动展会和在线平台间的相互赋能。同时，数字技术的优势和创新价值，实现传统线下展览核心功能的数智化、在线化，精准划分参会人群，促进展会买卖双方

商务有效对接，获取商机。

二、主题赋新，引领行业发展新趋势

该届 CBE 重点发力新国妆、进口品、美妆工具、大健康等新趋势，设立彩妆、日本精品、创新科技原料、IP 授权制造等主题馆，推动社交电商、IP 等新生态对产业的赋能，创新诠释“可持续”，多维度展现“科技力”。

三、多维活动，整合传播，引领行业趋势

以 2020 美伊时尚大赏、中国化妆品零售业大会、国际化妆品科技大会、皮肤光生物学国际论坛等为代表的数十场专业活动，集聚了行业最前沿的信息和潮流趋势。

由 CBE 联合阿里妈妈、巨量引擎、腾讯等数十家媒体联合打造的 2020 美伊大赏，短短 20 天全网累计投票 3 858 192 票。

四、拓展新媒体全渠道，突显贸易功能

CBE 在现有的商业联盟为代表的“百大社群”基础上，搭建属于 CBE 的私域流量体系，并携手全国美妆行业协会以及行业大咖、红人大 V 等，推行千家组团、万人万码，进行精准的买家邀约。此外，组委会还进一步拓展了线上全渠道触点，在百度、谷歌、微信、微博、抖音、今日头条等线上平台进行投放，获得新媒体流量千万级曝光。据官方数据显

示，第 25 届中国美容博览会观众预登记人数超过 2019 年同期 20% 以上。

五、倡导“绿色展会”、践行“生态展览”理念

该届 CBE 呼吁 3 000 余家参展企业在展会中倡导“简约、调性、绿色”的展示理念，将更多精力、财力放在与买家的沟通上，获取更多商机。CBE 组委会还组织评选绿色展台，以推动展商高效简洁的参展方案。

第 25 届 CBE 的成功举办，对疫情后美妆行业和消费市场，乃至整个经济领域都具有十分重要的拉动作用及示范效应，也成功建立了常态化防疫条件下安全办展的有效机制。

征途漫漫　唯有奋斗

上海美术设计有限公司

新故相推，日生不滞。风雨兼程中，我们告别2020年。2020年是极不平凡的一年，在这一年中，上海美术设计有限公司面对严峻复杂的疫情和经济形势，贯彻“科学评估，迎难而上，稳扎稳打，共克时艰”的工作方针，把握稳中求进、进中提质的工作总基调，克服疫情带来的不利影响，统筹推进疫情防控和生产经营工作“两手抓、两不误”，力保基本盘不动摇。

非常时期，非常行动；非常时期，非常创意。新冠疫情发生以后，公司高度重视、迅速反应，发挥专业特长，主动承担起企业的社会责任，创作的公益广告超过250幅，内容涵盖鼓劲致敬、防疫常识、生活习惯和心灵防疫，直击心灵、鼓舞士气，用公益广告讴歌抗疫英雄，描绘人间大爱，传递必胜信念！

自2020年二季度开始，经济改善势头强劲，市场逐步复苏，公司各板块业务也逐渐回暖。公司自2月有序复工后，坚持业务导向、问题导向、目标导向和结果导向，树立忧患意识、危机意识、创新意识、拼搏意识，贯彻新发展理念，深化供给侧结构性改革，在常态化疫情防控中加快推进生产经营，充分运用机制创新、发挥品牌效应、展现团队力量。

公司牢牢抓住长三角一体化发展战略和迎接建党百年等历史机遇，以业务创新、项目创新、技术创新和运作创新贯穿企业发展各个环节。

公司品牌传播板块积极探索数字营销领域新发展，开发“数字+”计划，运用大数据、云计算、人工智能等新技术，推出云会议服务，并完成了R Space城市异想空间等高端品牌体验展厅的设计、搭建和运营，让公司发展跑出“加速度”，让“上美”品牌成功破圈。

公司陈展装饰板块持续推进“陈展+”发展，以陈展艺术彰显红色精神，诠释红色项目，传承红色基因，创新方式方法，加强资源整合，精心规划设计，注重功能优化，提升展陈内涵，完成了中国共产党发起组成立地暨《新青年》编辑部旧址改陈、中共六大以后党中央政治局机关旧址布展设计实施、龙华革命烈士纪念地的保护利用展示及功能拓展、宋庆龄文物馆改版、秋瑾故居陈列及周恩来祖居陈列提升、张江人工智能馆、漯河市科技馆等一系列精品项目。同时，陈展装饰板块进一步巩固公司陈展装饰业务核心竞争力，拓展陈展装饰业务细分市场，将业务拓展至档案系统、金融行业，助推上海“文化东进”战略，同步推进博物馆、纪念馆等公共文创产品的开发，拉长产业链，大力培育新业务新模式。

奋斗创造历史，实干成就未来。“十四五”时期是乘势而上开启全面建设社会主义现代化国家新征程、向第二个百年奋斗目标进军的第一个五年。“征途漫漫　唯有奋斗”。站在“两个一百年”的历史交汇点，开启新征程，扬帆再出发，公司将以永不懈怠的精神面貌和一往无前的奋斗姿态，乘风破浪、坚毅前行。

服务进博　欣越在行动

上海欣越国际货物运输代理有限公司

2020 年是极为特殊的一年，新冠疫情在全国各地蔓延，武汉尤为严重，牵动着所有中华儿女的心。为支援打赢这场抗击疫情的阻击战，上海欣越国际货物运输代理有限公司（以下简称“上海欣越”）党支部积极响应市委、市政府号召，于 2020 年 2 月 2 日在公司内发起了“绵薄之力，支援武汉；绵薄之力，积沙成塔”善款募捐活动。在短短 3 天内，上海欣越员工共募集善款 1.2 万元。这些善款分批次通过网络捐赠的形式捐助给了中华慈善总会武汉抗疫专项基金。

上海欣越作为一家参与过进口博览会的民营企业，我们拥有一颗奉献的心！一方有难，八方支援，上海欣越人再次体现了中华民族的传统美德。

一转眼时间来到了 2020 年 11 月，依然是 11 月 5—10 日，依旧是中国国际进口博览会。同一个时间、同一个展会，面对新冠疫情防控要求，上海欣越在服务前两届进博会的基础上更全面、更细致、更周到地做好第三届进博会的主场运输工作。进博会是一场攻坚战，更是上海欣越体现担当、展示能力、树立形象的广阔舞台。

为进一步发挥党支部的战斗堡垒作用和党员的先锋模范作用，确保服务第三届进博会保障工作有序推进，上海欣越党支部开展了“全力冲刺、党员先行，让党旗飘扬在进博会服务保障第一线”的主题活动，号召上海欣越全体党员、入党积极分子和青年突击队员工积极投身“进博先锋行动”，为进博会的成功举办添砖加瓦、贡献力量，扎实推进服务和保障工作。

作为第三届进博会的主场运输，上海欣越承担了2.1和2.2号食品馆区域的运输及进馆工作。看似整个展期只有短短的5天时间，但实际上小伙伴们10月中旬就要入馆进行前期的进馆准备工作。首先要协助搭建商进馆卸货，其次要安排展商提货和展品就位。而2020年的进博会又比较特殊，由于新冠疫情防控的要求，冷链食品的参展更是我们工作的重中之重。

“一名党员就是一面旗帜，一个支部就是一座堡垒”，为切实做好新型冠状病毒疫情防控及冷链食品的参展工作，充分发挥党组织的战斗堡垒作用和党员的先锋模范作用，上海欣越成立了冷链食品疫情防控党员突击队，在展馆一线充分发挥党组织和党员的带头模范作用，用看得见的实际行动践行“不忘初心、牢记使命”。

每一批次食品货物的进馆，党员突击队员都是冲在第一线，穿着防护服配合馆内工作人员进行消杀工作，确保每一件食品都能安全有序地上展位。

在开展期间,我们需要协助不同的展商进行每晚10点开始的夜间补货流程。我们的青年突击队员需马不停蹄地清点数据、整理第二天的上展展品。青年突击队员用"青春之我"为此次进博会提供了有温度、有力度的服务保障。他们中间有很多人以单位为家,视进博会服务保障一线为战场,以青春建功进博会为己任。他们,"绞尽脑汁"于进馆中碰到的每一种可能,"斤斤计较"于布展中的每一个细节,"精益求精"于服务中的每一个流程,争做服务进口博览会的"青年工匠"。

前线的小伙伴们忙得不亦乐乎,而留守在办公室的同事们也夜以继日。因为进口食品的保鲜原因不能提前到达国内,所以每票食品都是加急加点报关。下面是10月28日凌晨1点的照片,同事们还在仔细核对各类报关单据和统计展品的入馆数据。

经过一个多月的精心准备，20余位欣越员工的全力以赴，不眠之夜在方案流程优化中度过，殚精竭虑是为了给展商多一份便利。服务好进博会，这是欣越人的庄重誓言！

第三届进博会期间，上海欣越全体党员、入党积极分子和青年突击队员工在上海欣越的党支部领导下，充分发扬“进博铁军”精神，依靠过硬的专业能力和周到服务，以“超越期待”的服务理念，圆满保障了第三届进博会的顺利召开！

2021年，上海欣越的全体员工还将继续不断提升自我要求，不断实现自我突破，努力做到以更好的姿态迎接第四届进博会的到来！

共享机遇　共赢未来

——首届中国国际公共采购论坛成功举办

上海鸿量联采贸易服务有限公司

2020 年 11 月 6—7 日，第三届中国国际进口博览会（以下简称“进博会”）期间，上海鸿量联采贸易服务有限公司（以下简称“鸿量联采”）作为唯一会议服务提供商参与承办了财政部与上海市人民政府在国家会展中心共同举办的首届“中国国际公共采购论坛”（以下简称“论坛”）。

在新冠疫情全球蔓延的特殊时期，在世界经济和国际贸易陷入困难时期，作为进博会配套活动，该次论坛为国内外参展企业，特别是中国供应商加大开拓国际市场带来了一个新兴的领域。国际公共采购市场每年采购规模高达数万亿美元，蕴藏着巨大商机。

该次论坛以“商机共享、规则互通”为主题，邀请了来自世界银行、亚投行、新开发银行的采购专家、联合国采购机构官员、外国政府采购官员、中央部委和全国 30 多个省市自治区直辖市财政厅（局）分管政府采购的官员以及行业企业代表 300 多人参会。

在 2020 年受疫情影响的特殊情况下，为保障论坛成功举办，鸿量联采抽调了骨干团队参与到论坛筹办的各个阶段，并组建了多个工作小组，精细地参与和完成了从论坛主题内容设计、演讲嘉宾邀请和接待、参会人员服务、现场运营等工作。

鸿量联采在组织和服务过程中，严格遵守疫情防控红线要求，围绕论坛拟定了一套细致的防疫方案，获得财政部国库司的表扬。

大会前期，鸿量联采首先拟定《中国国际公共采购论坛疫情防控工作方案》提交国库司、青浦区政府、进博局审核通过。按照防控方案对物资和人员严格把控。物资方面，鸿量联采为每位参会者准备了防疫物资包，内含一次性防护口罩、消毒湿纸巾等，会场还配有充足的电子额温枪、酒精喷雾和免洗洗手液供参会者使用。人员方面，首先是参会嘉宾着眼于国际机构驻华代表处官员，此外国内中高风险地区参会代表也及时登记上报；其次，鸿量联采工作组成员在短短2周内，落实了300多位参会嘉宾及观众的防疫信息说明，督促参会人员及所有工作人员严格完成14天体温监测记录、健康承诺书并提交有效核酸检测报告；此外，我们在现场邀请了医学专家候场，若遇到体温异常人员，立刻在隔离区进行医学检测，有需要立即送往指定医院隔离。

大会期间，鸿量联采在入场安检、减少人员流动、场内安排等方面也严格落实防控工作。

入场安检环节，为了解决300多人的快速进场参会问题，鸿量联采积极协调进博局和公安部门，共同制定了远程验证、远程安检、统一车辆进场出场的保障方案，减少了进博会现场人员聚集和周边交通压力；此外，安排内宾参会人员统一入住上海国家会计学院，大巴车统一接驳进场出场，减少了不必要的人员流动；最后，在4.2HD厅内，鸿量联采严格确保座席间保留1米安全间隔，备足应急口罩3 300个，会议期间严格要求全员佩戴口罩，并积极响应场馆要求取消茶歇点以减少潜在风险。

在整个大会期间，鸿量联采按照中国现行法律法规以及第三届进博会疫情防控相关要求，严格落实各项疫情防控工作，确保疫情防控安全，真正做到了对每位参会人员的一站式服务，保证了论坛的顺利举办，受到了主办方领导的表扬。

会后，鸿量联采在主办方的领导下会同各方进行总结，争取到了“中国国际公共采购论坛”的永久举办地落户上海，并力争第二届论坛办出更高水平，为中国企业开拓国际公共采购市场提供切实的服务。

助力打造数字新基建
抗“疫”时期云上会展开启会展行业新时代

云上会展有限公司

2020年5月，阿里巴巴集团与上海贸促会合作成立云上会展有限公司（以下简称“云上会展”），旨在发展创新型展会服务模式，推动会展行业线下线上融合发展。

依托阿里巴巴集团在人工智能、数据技术、云计算等方面的积累，云上会展集成阿里巴巴商业生态的全域数字化运营能力，以“助力打造数字会展新基建”为使命，逐步打造全球领先的云上会展数字化智能平台。

结合防控特殊时期线下展会对转型线上的强烈需求，云上会展平台以强大的技术实力和服务能力为众多传统线下展会提供了“上云”通道，开启线下线上融合办会的创新业态，也为国内展会的防疫工作提供了更多保障。

一、平台运营数字化，提供防疫新思路

疫情期间，会展业作为聚集性、社交性和交流性强的产业，首当其冲，多个大型展会一度暂停或取消。在此背景下，云上会展平台的数字化办展业态为疫情带来的行业发展困境提供了解决方案。

在展会形式上，云上会展平台不仅大力推行数字场馆智能化运营及服务，提升场馆信息化、智能化水平，充分发挥阿里巴巴在会展领域数字化、智能化探索和实践，基于3D仿真建模、VR等技术，搭建线上3D展厅，将

线下展出1∶1完美“复刻”到线上，为参展商与用户提供沉浸式的一体化观展体验。

线上联动线下融合办展的实践，打破时空限制，为主办方、展团、展商和采购商提供全方位可在线浏览的“线上展示平台”，来自全球的参会者足不出户就可快速收获全面的展会信息，大大降低因疫情影响而导致的参会受限，不仅助力特殊时期的防疫抗疫工作，更为全球参会者提供了正常参会的线上窗口。

二、创新技术场景化，助力大型展会复工复展

云上会展自2020年成立以来，已成功打造“云上XX”系列云会展品牌，协同举办了第二十二届中国国际投资贸易洽谈会、天津投资贸易洽谈会、第二十七届杨凌农高会、世界智能制造大会、第17届中国—东盟博览会，同步交付了上海书展、上海旅游节、上海婚纱儿童摄影展、全国糖酒交易会、上海国际艺术品交易月等众多大型项目，为众多线下展会提供云上转型契机。

一系列大型展会复工复展的落地，不仅是全民高效抗疫的成果，也得益于云上会展行业领先的系统性数字化解决方案带来的安全交易场景。通过发挥阿里巴巴在人工智能、云计算、数据技术等领域的优势，云上会展将创新科技充分落实于展会的交互体验与场景。除了数字化虚拟展馆，云上会展平台还配有“在线会议和洽谈平台”，利用“云上会客厅”和“云上会议论坛”等功能，实现供需交易双方的实时互动和便捷贸易。云签约功能基于先进的区块链技术，提供强有力的安全保障，让交易全程都可在线完成。再加以全域智能营销、大数据运营以及精准商机配对等一系列的展会智能运营支持、创新技术场景化加持，云上会展平台为展会带来了精准安

全的成交触达，有效推动产业及产业链相关行业的复工复产工作。

三、商业生态多元化，助力打造数字会展新基建

正如阿里巴巴集团董事会主席兼首席执行官张勇所说，我们探索云上会展，坚信的是线上和线下的完美结合。线上和线下的结合，不仅是把线下的内容、现在的表现形式搬到线上去，更重要的是通过新的技术，能够创造性地发展会展的体验，让虚拟展馆、实时交易、实时推广、实时洽谈变成一种沉浸式线上线下一体化的互动和体验，能够真正形成线上线下第一空间和第二空间、实体空间和数字空间的完美结合，推动会展行业走向一个全新的阶段。

云上会展充分联动阿里巴巴多元生态体系内的众多平台，包括内贸平台 1688、跨境贸易平台阿里巴巴国际站、阿里妈妈商业数字营销平台等力量，为客户提供全链路的数智化会展解决方案，让商业更简单高效，从而帮助主办方、展商、展团、采购商和消费者都能挖掘更大的市场潜力，提高效益，为经济内循环提供加速动能。

面对疫情防控常态化的形势，整个会展行业都在积极寻求应对方案。云上会展平台将通过信息化、数字化、智能化创新升级，为会展数字转型升级提供了方向。

2021 年，本着“以客户为中心”的原则，云上会展持续聚焦行业需求，立足技术创新，提升云上会展产品能力，全力开拓业务，继续通过数字化技术服务于会展业的信息化创新发展。相信以此为初心，云上会展将为会展行业的发展贡献更多的力量。

劈波斩浪谋发展　不拒众流汇江海

——西虹桥商务区：服务进博会，时刻准备着

上海西虹桥商务开发有限公司

全球客商共赴“进博之约”，四海商品汇聚“魅力之城”。作为中国国际进口博览会（以下简称“进博会”）的永久举办地和展现青浦“上海之门”新形象的前沿阵地，西虹桥商务区始终把服务保障进博会作为重要任务，努力做到疫情防控更精准、服务保障更精细、溢出效应更显著、进博品牌更响亮，为广大企业提供更多的市场机遇、投资机遇、合作机遇，为全球经济疫情后复苏再添“一把火”，注入新动能。

（一）三年砥砺前行，实现“越办越好”

按照习近平总书记“越办越好”的总要求，西虹桥商务区服务进博会以来，充分发挥主场保障优势，从服务保障、内外协作、宣传推介等方面入手，制定“进博专项行动方案”，成立“小彩虹服务队”，不断在“好”字上做文章，在“精”字上下功夫，全力助推进博会举办得“安全、精彩、富有成效”，全力做好疫情防控常态化下的进博会服务保障工作。

（二）讲好进博故事，放大溢出效应

西虹桥商务区以建设通达世界的高能级“会展之城”和“国际一流商务区”为目标，持续优化营商环境，持续放大进博会溢出效应，服务长三角一体化发展和虹桥国际开放枢纽建设，以更实举措扩大进博会溢出效应和经济辐射效应。

1. 变参展商为投资商，争当进博会溢出效应“首站”

为更好地服务全球展商，西虹桥商务区在与“四叶草”一街之隔的绿地贸易港设立企业注册登记站，为参展企业注册落户打开高效便捷的“服务之窗”。第三届进博会上，首张营业执照和食品经营许可证在开展首日颁发，新西兰外资企业上海奥净贸易有限公司落户西虹桥商务区。企业从递交申请材料到拿到证照不到两小时，进博会后其展品便可在绿地全球商品贸易港的新西兰进口馆同步销售。此外，“小彩虹服务队”主动出击，在招展、备展期间全面梳理数千家参展企业名单，针对目标展商特点研究精细化招商服务方案，精准锁定一批符合商务区产业发展定位的世界 500 强企业、全球行业领军企业和国际组织机构，并全部排摸到位，获取 182 家企盼打开中国市场的优质企业信息，推动一批优质企业和项目注册落户。

2. 促展品为订单，优质服务助力企业斩获无限商机

西虹桥商务区从推动企业参加进博会，到促成进博会“首单”“首发”产生，形成一整套深度服务进博会的工作机制，助力企业斩获大额采购交易额。第三届进博会上，西虹桥商务区企业晋声贸易公司与参展商冠捷投资公司在展会首日达成 5 亿美元采购意向订单，摘得该届进博会上海交易团“首单”。

3. 高能级溢出平台，实现进博会采购参展双丰收

西虹桥商务区重点打造的“6+365”平台，绿地全球商品贸易港，2020 年以采购商、组展商身份参加第三届进博会，与 34 个国家的 68 家企业达成采购意向签约，累计意向采购金额超过 12 亿美元。作为进博会组展商，贸易港组织 32 个国家和地区的 155 个海外品牌参展，引进展品 2 800 余件，其中 1 100 款商品属“中国首发”或“进博首发”新品。借助优质承接载体，西虹桥商务区将全力打造高能级溢出平台，推动区域经济高质量发展。

（三）搭建共享平台，凸显“窗口”作用

1. 成立“中国国际进口博览会溢出效应理事会”

西虹桥商务区连续三年举办“进博会溢出效应论坛”，汇聚“政产学研企”各界人士就强化进博会溢出效应、推动区域创新发展进行分享及讨论，并设立“进博会溢出效应理事会”，发布“西虹桥商务区承接进博会溢出效应指标体系研究”，为充分发挥“进博效应”开创经济发展新格局提供宝贵经验和创新思路。

2. 启动长三角康复辅助器具产业“千亿俱乐部”

西虹桥商务区连续三年举办进博会配套活动“国际康复辅助器具产业创新论坛”，并依托“6+365”平台小咖云康养产业园正式启动“千亿俱乐部”项目，加速打造长三角地区康养产业集群高地。

“进博之约”带来全球之惠，“进博舞台”促进共享共赢，进博会为城市未来发展打开了一扇全新大门。如今的西虹桥已成为上海及长三角地区接待世界各国的“前堂客厅”，成为资源集聚的国际贸易投资新平台和企业大显身手的舞台。西虹桥商务区将始终在“365 天”里持续发力，劈波斩浪谋发展，不拒众流汇江海，为永不落幕的进博会贡献“西虹桥”力量。

附录1　2020年上海主要展览场馆展览会统计

国家会展中心(上海)

序号	展　会　名　称	举办时间	面积/平方米
1	驴妈妈主题活动	1.1	18 000
2	云霄飞车演唱会	1.4	9 779
3	唯一视觉主题活动	1.6	18 000
4	采埃孚主题活动	1.8	18 000
5	2020欧莱雅年会活动	1.10	12 000
6	段宜恩演唱会	1.11	9 779
7	捷普电子主题活动	1.11	18 000
8	燕古坊主题活动	1.12	18 000
9	昂立教育主题活动	1.15	18 000
10	安波福年年会	1.17	18 000
11	奥托立夫主题活动	1.17	18 000
12	联影医疗年会	1.18	18 000
13	“66品进博/逛国展/赏灯会”主题活动	6.6—6.7/6.13—6.14	10 000
14	CME中国机床展	7.1—7.4	92 032
15	慕尼黑上海光博会/中国(上海)机器视觉展暨机器视觉技术及工业应用研讨会/慕尼黑上海电子展/慕尼黑上海电子生产设备展	7.3—7.5	148 596
16	37届上海国际婚纱摄影器材展览会/第二十三届上海国际摄影器材和数码影像展览会	7.8—7.11	94 943

续表

序号	展　会　名　称	举办时间	面积/平方米
17	上海国际应急防疫物资展览会	7.15—7.16	22 000
18	上海国际数字印刷产业博览会/上海国际广告技术设备展览会/上海国际数字标识系统及应用展览会/上海国际数字展示技术及设备展览会/上海国际照明展/上海国际LED展/上海国际数字印花展/上海国际图文快印展/上海国际创意设计印刷包装纸业精品展/上海国际瓦楞彩盒数字印刷包装展览会	7.21—7.24	81 120
19	2020上海国际新型显示技术及应用创新展	7.22—7.24	10 000
20	2020年COMICUP魔都同人祭	7.25—7.26	49 000
21	上海大虹桥美博会	7.29—7.31	95 631
22	Bilibili World展	8.7—8.9	70 000
23	2020上海国际酒店及商业空间博览会	8.12—8.14	164 499
24	中国国际五金博览会	8.12—8.14	121 896.5
25	第十八届中国国际铸造博览会	8.16—8.20	60 021
26	2020上海国际防疫物资展览会	8.18—8.19	12 078
27	2020上海紧固件专业展暨第十届汽车紧固件展	8.18—8.20	20 185
28	2020中国国际电梯展览会	8.18—8.21	117 434
29	2020中国国际家用纺织品及辅料(秋冬)博览会	8.24—8.26	80 052
30	国际电子电路(上海)展览会/上海国际水处理技术及设备展览会/上海国际洁净技术及设备展览会	8.25—8.27	45 000
31	上海国际膜与水处理技术及装备(上海国际水处理/上海国际污水处理)展览会/上海国际泵管阀展览会/上海国际污水污泥处理与资源再利用展览会/上海国际固体废弃物处置与废气治理展览会/上海国际环保产业与资源利用博览会/上海国际建筑给排水设备与技术展览会/上海国际空气污染治理与净化设备展览会/上海国际新风系统与通风设备展览会	8.31—9.2	147 538
32	中国国际地面材料及辅装技术展览会	8.31—9.2	82 077

续表

序号	展　会　名　称	举办时间	面积/平方米
33	世界牙科联盟（FDI）大会/中国国际口腔医学大会	9.1—9.4	25 476
34	中国国际工业博览会	9.15—9.19	256 120
35	第 114 届中国文化用品商品交易会	9.17—9.19	48 266
36	中国国际纺织面料及辅料（秋冬）博览会 中国国际服装服饰博览会（秋季） 中国国际纺织纱线（秋冬）展览会	9.23—9.25	280 206
37	中国国际体育用品博览会	9.28—9.30	142 966
38	中国国际食品和饮料展览会	9.28—9.30	85 711
39	上海国际胶粘带/保护膜及光学膜展览会（模切展）/上海国际功能薄膜及聚酯薄膜展览会	9.28—9.30	32 952
40	中国（上海）国际酒店设备及用品采购交易会	9.28—9.30	19 447
41	中国（上海）国际家具博览会	9.7—9.10	174 043
42	上海国际时尚育儿产业博览会	10.10—10.12	237 475
43	授权展	10.10—10.12	24 000
44	中国国际模具技术和设备展览会	10.10—10.13	43 541
45	团委进博会宣誓活动	10.18	9 779
46	第 83 届中国国际医疗器械（春季）博览会/第 30 届中国国际医疗器械设计与制造技术（春季）展览会/2020 中国智慧健康展	10.19—10.22	216 928
47	上海国际糖酒商品交易会 上海国际酒店与餐饮供应链博览会	10.20—10.22	20 998
48	上海国际五金展览会	10.20—10.22	24 697
49	零售大会	11.2	9 779
50	中国国际进口博览会	11.5—11.10	360 000
51	法兰克福文具展	11.19—11.21	16 790
52	中国零售业博览会（CHINA SHOP）	11.19—11.21	106 120
53	长三角国际文化产业博览会	11.19—11.22	48 496

续表

序号	展　会　名　称	举办时间	面积/平方米
54	2020腾讯QQ嘉年华活动	11.20—11.22	10 463
55	路程网—房车行活动	11.20—11.23	20 000
56	博华6月系列展	11.25—11.27	144 642
57	上海国际城市与建筑博览会	11.25—11.27	60 999
58	2020上海国际城市管网展览会	11.25—11.27	20 500
59	上海国际汽车零配件/维修检测诊断设备/服务用品展览会	12.2—12.5	283 379
60	第十届中国(上海)国际流体机械展览会	12.9—12.11	46 280
61	2020中国国际轴承及其专用装备展览会	12.9—12.12	54 022
62	2020中国地产新时代盛典活动	12.11—12.12	13 979
63	2020汴禧集团企业大会活动	12.12	26 682
64	2020上海—绍兴周活动	12.18—12.20	10 463
65	bilibili虚拟偶像演唱会	12.19	9 779
66	麦浪魔都音乐纪	12.31	9 779

上海新国际博览中心

序号	展　会　名　称	举办时间	面积/平方米
1	2020国际半导体设备、材料、制造和服务展览会	6.27—6.29	69 860
2	2020国际平面显示器件、设备材料及配套件展览会	6.27—6.29	12 340
3	CHINA FOOD上海国际餐饮美食加盟展览会	6.27—6.29	8 625
4	第十届上海新零售微商及社交电商博览会	6.27—6.29	5 900
5	2019国际绿色建筑建材(上海)博览会	7.15—7.17	29 210
6	第十四届中国国际压铸会议暨展览会	7.15—7.17	23 275
7	第113届中国日用百货商品交易会暨2019中国现代智能生活用品博览会	7.23—7.25	147 785

续表

序号	展　会　名　称	举办时间	面积/平方米
8	上海国际礼品及促销品展览会	7.23—7.25	15 000
9	上海国际尚品家居及室内装饰展览会	7.23—7.25	15 000
10	中国国际数码互动娱乐展览会	7.31—8.2	106 806.4
11	国际显示博览会	7.31—8.3	13 600
12	第100届中国劳动保护用品交易会暨2020中国国际职业安全及健康产业博览会	7.3—7.5	57 855
13	上海国际健身展	7.3—7.5	30 721
14	亚洲（夏季）运动用品与时尚展	7.3—7.5	18 790
15	2020亚洲3D打印、增材制造展览会	7.8—7.10	16 240
16	中国国际美容化妆洗涤用品博览会	7.9—7.11	201 670
17	2020中国环博会	8.13—8.15	145 874
18	中国（上海）国际园林景观产业贸易博览会	8.13—8.15	10 250
19	国际特许加盟（上海）展览会	8.14—8.16	14 197.5
20	2020亚洲宠物展览会	8.19—8.23	185 325
21	2020上海国际渔业博览会/2020上海国际餐饮食材博览会/2020上海国际冷冻冷藏食品博览会/2020上海国际餐饮连锁加盟展览会/2020上海国际酒水饮料展览会/2020上海国际餐饮设备及用品展览会/2020上海国际地理标志性食品博览会/2020上海国际休闲食品及甜食展览会/2020上海国际调味品及食品配料展览会/2020上海国际大米及五谷杂粮展览会	8.26—8.28	82 302.5
22	上海国际锂电工业展览会/上海国际超级电容器产业展览会/上海国际充电设施产业展览会/上海国际化工技术装备展览会/上海化工环保展览会/上海国际新能源汽车产业博览会	8.26—8.28	32 600
23	上海国际生物发酵产品与技术装备展览会/上海国际卫生级泵阀、管材、管件展览会/上海国际酵素产业博览会/上海国际素食、养生食品品牌展览会/全国盐产品、制盐设备及包装新材料展览会	8.26—8.28	18 270

续表

序号	展　会　名　称	举办时间	面积/平方米
24	上海国际石化与海洋石油天然气及化工技术装备展览会	8.26—8.28	11 705
25	2020 第三届上海国际个人护理用品博览会	8.7—8.9	11 800
26	SNEC 第十四届(2020)国际太阳能产业及光伏工程(上海)展览会暨论坛	8.8—8.10	136 723
27	上海国际零售业设计与设备展	9.2—9.4	11 392.5
28	上海国际智能家居展览会/上海国际智能建筑展览会/上海国际智慧办公展览会展区/中国(上海)国际智慧停车展览会	9.2—9.4	18 540
29	中国国际产业用纺织品及非织造布展览会	9.2—9.4	25 875
30	中国国际涂料博览会	9.2—9.4	11 500
31	第二十六届中国国际家具展览会	9.8—9.12	205 114
32	中国国际橡胶技术展/中国国际胶粘剂及密封剂展/中国国际化工展/中国国际工业水处理技术与装备展	9.16—9.18	82 125
33	第二十届上海国际广告标识展/第十八届上海国际 LED 展/第十四届上海国际数字标牌展	9.17—9.19	64 762.5
34	电子商务包装 & 供应链展览会	9.21—9.23	11 500
35	上海国际动力设备及发电机组展览会/上海国际电力电工展/上海国际风能展览会/上海国际智能充换电设备展	9.21—9.23	26 077.5
36	中国(上海)墙纸布艺窗帘暨家居软装饰展	9.21—9.23	34 145
37	2020 中国国际管材展览会	9.23—9.26	23 075
38	2020 中国国际线缆及线材展览会	9.23—9.26	55 600
39	浦东国际汽车展览会	9.28—10.4	73 200
40	2020 第二届中国(上海)国际计量测试技术与设备博览会	9.28—9.30	8 625
41	上海国际珠宝首饰暨矿物宝石展览会/上海艺博会暨红木家具茶文化博览会/上海国际文化艺术收藏品展览会	10.2—10.5	6 800

续表

序号	展会名称	举办时间	面积/平方米
42	2020 中国国际印刷技术及设备器材展	10.12—10.16	76 310
43	2020(第十四届)中国国际酒、饮料制造技术及设备展览会	10.13—10.16	63 325
44	国际纺织品洗涤、皮革护理、清洁技术与设备亚洲展览会	10.14—10.16	8 625
45	首届全球 IC 企业家峰会暨第十六届中国国际半导体博览会	10.14—10.16	11 500
46	2020 中国焙烤秋季展览会/2020 中国家庭烘焙用品展览会	10.15—10.17	32 535
47	上海国际品牌授权展览会	10.21—10.23	31 625
48	上海国际学前教育及装备展览会	10.21—10.23	28 900
49	2020 中国国际玩具及教育设备展览会	10.21—10.25	93 325
50	2020 中国国际婴童用品展览会	10.21—10.25	31 625
51	2020 上海国际养老、辅具及康复医疗博览会	10.28—10.30	24 680
52	2020 年中国(上海)国际乐器展览会/2020 年上海国际专业灯光音响展览会	10.28—10.31	95 325
53	中国国际手办模型博览会	10.3—10.4	43 125
54	2020 上海国际进口酒类精品展览会	11.10—11.12	12 808
55	2020 上海环球食品展览会	11.10—11.12	83 300
56	SFE 第 32 届上海国际连锁加盟展览会	11.10—11.12	14 525
57	第 15 届上海国际肉类工业展暨冷冻食材节/第 10 届上海国际现代农业品牌产品展览会	11.10—11.12	7 280
58	第十四届 Ifresh 亚洲果蔬产业博览会	11.10—11.12	17 400
59	第十届上海新零售微商及社交电商博览会	11.14—11.16	5 900
60	2020 上海国际美容美发化妆用品博览会	11.16—11.18	5 900
61	第十五届上海国际医疗旅游展览会	11.16—11.18	5 900
62	慕尼黑上海分析生化展	11.16—11.18	59 735

续表

序号	展会名称	举办时间	面积/平方米
63	上海国际伺服、电机控制与应用展览会暨发展论坛	11.16—11.18	15 280
64	中国(上海)国际电子展览	11.16—11.18	16 760
65	中国国际旅游交易会	11.16—11.18	46 000
66	2020中国国际工程机械、建筑机械、工程车辆及设备博览会	11.24—11.27	323 855
67	2020亚洲国际动力传动与控制技术展览会/2020亚洲国际物流技术与运输系统展览会	11.3—11.6	182 275
68	(上海)第十六届海外置业移民留学展览会/(上海)第30届创业项目投资暨连锁加盟展览会/上海第四届教育品牌机构加盟展览会	12.10—12.12	5 900
69	上海国际箱包展览/上海国际鞋类博览会暨时尚展/上海国际礼品及文化创意博览会	12.11—12.13	18 005
70	第二十届世界制药原料中国展	12.16—12.18	200 650
71	上海国际纺织供应链工业博览会	12.22—12.24	22 537.5
72	上海国际智能家居/智能锁展览会/上海国际物联网/人工智能展览会	12.22—12.24	11 500
73	上海咖啡与茶展览会(CAFEEX)/上海巧克力展览会(CHOCEX)/上海精品果蔬与果蔬科技博览会(万果会)	12.26—12.28	5 900
74	2020国际数据中心及云计算产业展览会	12.3—12.5	6 740
75	2020上海国际供热及热动力技术展览会/第十八届上海国际锅炉、辅机及工艺设备展览会/2020上海国际生物质能利用及技术展览会/2020上海国际热工设备展览会	12.3—12.5	11 640
76	第22届上海国际冶金工业展览会/第8届上海国际耐火材料展览会/第16届上海国际铸造、压铸、锻造、热处理工业炉展览会	12.3—12.5	14 375
77	第十三届上海国际电力设备及技术展览会	12.3—12.5	37 020
78	上海国际保温、防水材料与节能技术展览会/上海外墙装饰材料及粘结技术展览会/第七届上海蒸发及结晶技术设备展览会/第六届上海干燥技术设备展览会	12.9—12.11	18 080

续表

序号	展　会　名　称	举办时间	面积/平方米
79	上海国际地面墙面材料、铺装及设计展览会	12.9—12.11	7 700
80	上海国际过滤与分离工业展览会	12.9—12.11	12 340
81	上海国际客车展览会	12.9—12.11	13 480
82	上海先进国际轨道交通技术展览会	12.9—12.11	5 900
83	亚洲混凝土世界博览会	12.9—12.11	29 000

上海世博展览馆

序号	展　会　名　称	举办时间	面积/平方米
1	金格集团主题活动	1.1	4 000
2	阅文集团主题活动	1.1	3 000
3	全筑建筑主题活动	1.2	4 000
4	ABB 工程主题活动	1.2	3 000
5	紫光展锐主题活动	1.3	4 000
6	阳光城主题活动	1.4	3 000
7	2020 庭院与花园园艺展览会	1.4—1.6	10 000
8	花园集主题活动	1.5	4 000
9	叮咚买菜主题活动	1.5	3 000
10	超威主题活动	1.6	3 000
11	维宁尔主题活动	1.7	3 000
12	海尔主题活动	1.8	4 000
13	新东方教育主题活动	1.8	3 000
14	ABB 工程主题活动	1.9	4 000
15	鸣志电器主题活动	1.9	4 000
16	埃森哲主题活动	1.11	4 000

续表

序号	展　会　名　称	举办时间	面积/平方米
17	泛捷主题活动	1.11	3 000
18	微盟主题活动	1.12	5 000
19	360 金融主题活动	1.12	3 000
20	空气化工主题活动	1.13	3 000
21	西门子主题活动	1.14	4 000
22	马瑞利主题活动	1.14	2 000
23	爱婴室主题活动	1.14	3 000
24	睿智化学主题活动	1.15	4 000
25	拜博口腔主题活动	1.15	2 000
26	平安一账通主题活动	1.15	3 000
27	法液主题活动	1.16	4 000
28	森松化工主题活动	1.16	3 000
29	海虹涂料主题活动	1.17	4 000
30	必维主题活动	1.17	3 000
31	钢银主题活动	1.18	4 000
32	奈斯主题活动	1.18	2 000
33	臻成化工主题活动	1.18	3 000
34	沪佳沪颐主题活动	1.19	10 000
35	中智主题活动	1.21	3 000
36	2020 华夏家博会	6.25—6.27	33 500
37	2020 上海国际精酿啤酒会议暨展览会	7.1—7.3	8 500
38	2020 上海国际医疗器械展览会/2020 上海国际残疾人、老年人康复护理保健用品用具展览会/2020 上海国际临床检验设备及用品展览会	7.1—7.3	29 000
39	2020 上海国际有机食品博览会 BIOFACH CHINA	7.1—7.3	8 500

续表

序号	展　会　名　称	举办时间	面积/平方米
40	第十六届中国国际动漫游戏博览会	7.16—7.19	29 000
41	上海国际职业装博览会/中国服装定制展览会/上海国际校服·园服展览会/上海国际服装智能制造博览会	7.23—7.25	59 000
42	第十八届上海国际粉体加工/散料输送展览会	7.29—7.31	8 500
43	2020上海国际医疗器械展览会/2020上海国际防疫物资用品展览会/2020上海国际医用消毒及感控展览会	7.30—8.1	10 000
44	2020华夏家博会	8.7—8.9	25 000
45	2020上海国际包装制品材料、包装工业、印刷与标签展览会/2020上海国际运输包装、电商包装与编织袋展览会	8.12—8.14	10 000
46	上海国际粉末冶金、硬质合金与先进陶瓷展览会	8.12—8.14	20 000
47	2020中国婚博会(三期)	8.22—8.23	53 000
48	2020第十五届上海国际袜业采购交易会	8.26—8.28	20 000
49	2020上海国际鞋帽及围巾手套展览会/2020上海国际生活时尚内衣展览会	8.26—8.28	20 000
50	第2届上海国际茶产业博览会	8.27—8.30	14 000
51	2020国际人力资源技术大会	9.1—9.3	5 500
52	2020上海国际流行时尚纱线展览会(秋冬季)	9.1—9.3	15 000
53	2020年中国国际复合材料展览会	9.2—9.4	47 500
54	第26届中国国际家具展之2020摩登上海时尚家居展	9.8—9.11	42 000
55	2020年国际医疗器械设计与制造技术展览会	9.14—9.16	22 500
56	2020中国国际汽车测试、质量监控博览会	9.14—9.16	20 000
57	2020年华东全家展示会	9.26—9.28	11 000
58	didac上海国际教育用品暨装备展	10.1—10.3	5 500
59	2020华夏家博会	10.1—10.3	25 000

续表

序号	展　会　名　称	举办时间	面积/平方米
60	上海·酷狗蘑菇×萤火虫动漫音乐嘉年华(第四届)	10.1—10.3	17 700
61	第二十届全国农药交流会暨农化产品展览会/第五届中国国际肥料及农业装备展览会	10.12—10.14	42 000
62	2020上海国际汽车定制改装博览会	10.17—10.19	17 000
63	2020上海国际珠宝展览会	10.17—10.20	5 500
64	上海金融服务实体经济洽谈会暨论坛	10.22—10.24	8 500
65	“一带一路”艺术上海国际博览会	10.22—10.25	15 000
66	AMEE2020上海国际汽车底盘系统与制造技术展览会	10.26—10.28	5 000
67	EMC/China电磁兼容暨微波天线展览会/EDWTech高速通信与电子设计展览会	10.27—10.29	8 500
68	第二十四届中国国际口腔器材展览会暨学术研讨会	10.28—10.31	42 000
69	上海浦东惠民团车节	10.31—11.1	7 000
70	2020上海国际紧固件工业博览会	11.3—11.5	40 000
71	第二十届中国国际染料工业暨有机染料、纺织化学品展览会	11.8—11.10	32 000
72	2020上海国际潮流玩具展	11.10—11.12	17 000
73	上海国际教育后勤展览会	11.10—11.12	8 500
74	2020中国上海国际童书展	11.13—11.15	22 000
75	DollyParadise in Shanghai 第五届上海玩偶展	11.14	5 500
76	WePlay文化展	11.14—11.15	13 000
77	2020上海国际电力元件、可再生能源管理展览会	11.16—11.18	7 000
78	2020上海国际纺织面辅料纱线 & 毛衫服装贴牌加工展览会	11.16—11.18	5 000
79	2020年“四大品牌”上海市职业技能大赛	11.17—11.18	20 000
80	2020中国婚博会	11.21—11.22	53 000
81	设计上海	11.26—11.29	33 500

续表

序号	展　会　名　称	举办时间	面积/平方米
82	2020 年第六届上海国际手造博览会	11.27—11.29	5 500
83	CFA 考试	12.6	59 000
84	应急救援——第十四届上海国际消防保安技术设备展览会	12.9—12.11	20 518
85	2020 上海乐享生活嘉年华	12.11—12.13	5 500
86	2020 华夏家博会	12.18—12.20	25 000
87	2020 Sneaker Con 球鞋嘉年华	12.19—12.20	17 000
88	2020 年「抖 inCity 城市美好生活展——2020 抖 inCity 未来盛典」	12.19—12.20	10 000
89	2020 上海食品饮料电商展览会	12.25—12.26	5 500
90	绍兴饭店年会——佰虹科技	12.25	3 000
91	绍兴饭店年会——平安普惠	12.29	3 000

上海展览中心

序号	展　会　名　称	举办时间	面积/平方米
1	百姓装潢推广展	1.2—1.3	1 733
2	麦肯锡年会	1.10—1.11	5 485
3	时堂 Showroom Shanghai	6.20—6.23	3 873
4	2020 上海国际珠宝首饰暨矿物宝石博览会	6.26—6.29	3 660
5	2020 上海国际奢侈品包装展览会	7.7—7.8	9 358
6	2020 上海书展暨“书香中国”上海周	8.12—8.18	19 098
7	“我们众志成城”上海防控新冠肺炎疫情主题展	8.26—9.25	2 316
8	Fashion Zoo 时髦圈儿	9.3—9.6	10 669
9	第二十七届上海国际茶文化旅游节	9.11—9.13	3 873
10	上海国际植物基产品博览会	9.25—9.27	3 660
11	百姓装潢推广展	10.5—10.6	1 733

续表

序号	展　会　名　称	举办时间	面积/平方米
12	时堂 Showroom Shanghai 2021SS	10.10—10.13	7 146
13	2020 中华老字号博览会	10.10—10.13	6 528
14	第 17 届上海国际茶博会秋季展	10.22—10.25	5 485
15	全球技术转移大会暨首届世界技术经理人峰会	10.27—10.30	5 485
16	第十九届中国国际古典家具展览会	10.29—11.1	5 410
17	上海廿一当代艺术博览会	11.13—11.15	12 801
18	触漫嘉年华	12.4—12.6	8 971
19	2020 上海国际珠宝首饰暨矿物宝石博览会	12.4—12.7	3 660

上海跨国采购会展中心

序号	展　会　名　称	举办时间	面积/平方米
1	2020 群邑上海年会	1.10	3 120
2	2020 复宏汉霖年会	1.12	3 000
3	新城集团年会	1.15	4 220
4	龙旗集团 2020 年年会	1.17	3 300
5	诺亚财富年会	1.21	3 000
6	2020 年第十二届上海世纪家博会	6.19—6.21	11 500
7	2020 中国美陈展	7.29—7.30	12 500
8	BioCon2020 第七届生物技术仪器设备与试剂展览会	7.8—7.9	6 220
9	2020 中国气象现代化建设科技博览会/第十四届中国防雷技术与产品展/第十二届中国水文技术装备展	8.19—8.21	5 000
10	2019 上海网络直播与短视频技术及硬件博览会	9.9—9.11	5 000
11	第二十届中国国际眼科和视光技术及设备展览会	9.18—9.20	13 169
12	2020 中国(上海)国际传感器技术与应用展览会	9.23—9.25	9 569
13	普陀人才节	9.27	1 290
14	2020 年长三角高技术成果交易会	9.28—9.30	8 280

续表

序号	展会名称	举办时间	面积/平方米
15	中国营养学会临床营养分会年会	10.10—10.11	5 120
16	2020 闻泰安世上海 10 公里精英赛	10.18	2 000
17	上海国际液化天然气技术装备展览会	10.20—10.22	5 500
18	2020 年第十三届上海世纪家博会	10.30—11.1	6 500
19	第三届 RAISE 亚洲国际学校大会	11.1—11.2	5 289
20	2020 互联网医疗论坛	11.2	760
21	“凝心聚力勇担当 全力建功新时代”主题立功竞赛系列活动之“迎第三届进博会”食品安全应急演练	11.3	590
22	2020 云上亲子嘉年华	11.14	500
23	2020 国际碳材料展览会	11.18—11.20	9 590
24	中新药业乌鸡白凤片联合樊登读书会线下见面会	11.22	1 575
25	第十三届亚洲果蔬博览会暨 2020 上海国际果蔬展览会	11.23—11.24	6 500
26	普陀区第四季度招商引资重点项目签约仪式	11.27	590
27	第二届智慧健康医疗展览会	12.1—12.2	3 000
28	第二届智慧健康医疗大会	12.1—12.2	4 220
29	胸怀大治 2020 胸部肿瘤规范化治疗上海国际论坛	12.11—12.12	1 500
30	钢银 VIP 客户洽谈会	12.19	520
31	2021 上海大宗商品周	12.19—12.20	10 290
32	上海汇兴税务师事务所有限责任公司年终会议	12.22	96
33	普陀区生命健康产业发展大会	12.28	590

上海光大会展中心

序号	展会名称	举办时间	面积/平方米
1	食材源·第 15 届全国一县一品生态农产品直销年货展	1.1—1.21	7 700
2	2019—2020 皮草展	1.1—1.21	4 000

续表

序号	展　会　名　称	举办时间	面积/平方米
3	2020 第三届上海汽车博览会	6.12(下午)—6.14	7 000
4	2020 中国古典红木家具展	6.13—7.12	2 500
5	第九届上海人保购车节暨农行全民车展	6.19—6.21	5 000
6	和家家博会	6.23(下午)—6.27	18 000
7	第十一届理想乡动漫展	7.9(下午)—7.12	9 000
8	2020 中国古典红木家具展	7.13—7.21	2 500
9	当今家博会	7.16—7.19	9 000
10	2020 第四届上海汽车博览会	7.24—7.26	7 000
11	2020 下半年人才招聘会	7.25	500
12	2020 中国热泵热水、采暖、干燥及特种应用展览会	7.28—8.1	19 000
13	和家家博会	8.7—8.9	18 000
14	2020 上海汽车博览会	8.8—8.9	7 000
15	2020 上海·全国优质农产品博览会/2020 中国森林食品交易博览会	8.11—8.13	9 000
16	上海人保购车节暨农行全民车展	8.15—8.16	5 000
17	SNH48 养成偶像展	8.16—8.17	5 500
18	2020CCEE(上海)雨果网跨境电商选品大会暨采购节	8.18—8.19	7 700
19	SNH48 养成偶像展	8.21—8.23	5 500
20	2020 年上海团车购车节	8.22—8.23	7 000
21	中国国际芳香产业(上海)展览会	8.22—8.24	6 500
22	上海人保购车节暨农行全民车展	9.5—9.6	5 000
23	2020 上海汽车博览会	9.11—9.13	7 000
24	上海当今家博会	9.12—9.13	9 000

续表

序号	展　会　名　称	举办时间	面积/平方米
25	2020年上海团车9月购车节	9.19—9.20	7 000
26	第十届上海国际茶业博览会（秋季）暨沉香产业与茶道文化展	9.24—9.27	6 000
27	2020上海防疫物资展览会	9.25—9.26	4 000
28	和家家博会	10.1—10.3	11 700
29	人才招聘会	10.10—10.10	500
30	2020第四届上海国际竹产业博览会/2020第三届上海国际民宿及乡村旅居产业博览会	10.10—10.11	4 500
31	上海中国国际声学技术学术会议暨展览会/中国国际噪声振动控制技术展览会	10.10—10.11	4 000
32	2020上海市对口帮扶地区特色商品展销会	10.16—10.20	11 000
33	第七届上海人保购车节暨农行全民车展	10.23—10.25	5 000
34	人才招聘会	10.24	500
35	第21届上海（国际）美发美容美甲邀请赛	10.28	8 100
36	第二十五届中国国际质量控制与测试工业设备展览会	10.28—10.30	6 500
37	2020上海活性炭产业链及应用展览会	10.28—10.30	4 000
38	人才招聘会	10.30	500
39	CE上海第五届动漫嘉年华	11.1	5 000
40	2020上海国际小电机、磁材、变压器等展览会	11.2—11.4	12 000
41	当今家博会	11.6—11.8	6 000
42	2020年上海团车11月购车节	11.7—11.8	7 000
43	2020中国（上海）国际车用空调及冷藏技术展览会	11.12—11.14	16 000
44	第6届中国厕所革命创新博览会	11.18—11.20	6 000
45	2020上海汽车博览会	11.21—11.22	6 000
46	长三角教师队伍展示及供需见面会	11.22	7 000
47	2019上海国际袋式除尘技术与设备展览会	11.25—11.27	5 000

续表

序号	展 会 名 称	举办时间	面积/平方米
48	2020 上海国际橡胶塑料及包装印刷展览会/2020 上海国际广告标识技术展览会	11.25—11.27	4 000
49	第八届上海人保购车节暨农行全民车展	11.28—11.29	5 000
50	第二十一届中国制冷空调与热泵节能博览会	11.30—11.30	6 000
51	第二十一届中国制冷空调与热泵节能博览会	12.1—12.2	6 000
52	人才招聘会	12.2	500
53	2020 上海团车 12 月购车节	12.5—12.6	7 000
54	2020 富硒好产品走进上海展示交易会	12.5—12.7	4 000
55	2020 第 20 届上海国际农业食品贸易展览会	12.5—12.14	6 000
56	人才招聘会	12.12	500
57	2020 上海西游汽车博览会	12.12—12.13	7 000
58	中国安徽名特优农产品暨农业产业化交易会	12.18—12.21	15 000
59	食材源·第 16 届全国迎春农产品展览会	12.25—12.31	5 000
60	人才招聘会	12.26	500
61	第八届上海人保购车节暨农行全民车展	12.26—12.27	5 000

上海世贸商城

序号	展 会 名 称	举办时间	面积/平方米
1	True Value buying trip	1.1	1 200
2	2020 年人才招聘会	1.5	6 200
3	Biglots buying trip	1.7—17	1 000
4	Carrefour buying trip	1.11—18	2 000
5	上海首届国际皮草节(延期)	1.19—2.15	3 300
6	2020 年上海超级装家博会	1.28—30	2 200
7	2020 秋冬上海 MODE 云订货	4.27—4.30	3 000

续表

序号	展　会　名　称	举办时间	面积/平方米
8	团车网购车节	6.20—6.21	6 200
9	上海防疫物资跨境采购展览会	7.22—7.23	4 000
10	2020 上海市夏季人才招聘会暨高校毕业生面洽会	7.25	7 400
11	第 15 届上海幼儿教育暨用品展	7.31—8.2	5 200
12	Sam's buying trip	8.2—8.8	1 000
13	第一届阿里巴巴汽车消费展览会	8.7—8.9	5 200
14	2020 完美孕妇第八届高端母婴潮品体验展	8.15—8.16	6 200
15	2020 第十七届中国国际成人保健及生殖健康展览会	8.21—8.23	5 200
16	上海服装集团 70 周年纪念大会	9.2	2 000
17	就业创业兴业【三业】交流会	9.12—9.13	3 000
18	斯凯奇内购会	9.16—9.19	900
19	万代上海开仓	9.17—9.20	500
20	上海三星集团销售会	9.17—9.20	1 200
21	上海国际公共卫生安全防控、防疫及防护物资交易会	9.23—9.24	5 200
22	2021 春夏上海 MODE 服装服饰展	10.9—10.13	7 400
23	上药集团抗疫表彰大会	10.12	2 000
24	2020 年秋冬季新品说明会	10.16	1 200
25	上海潮玩造物博览会	10.17—10.18	3 000
26	上海 2020 古典红木广东工厂团购节	10.17—11.15	1 500
27	2020 中国国际邮轮船舶修造论坛暨展览会	10.20—10.22	4 100
28	Sam's buying trip	10.23—10.30	2 200
29	上海冬虫夏草及养生滋补品博览会	10.24—10.29	700
30	2020 上海青年艺术博览会	11.13—11.17	6 200
31	2020 完美孕妇节闭幕活动周	11.21—11.22	5 200
32	全球文旅住宿大产业博览会	11.27—11.29	5 200

续表

序号	展会名称	举办时间	面积/平方米
33	第二十四届上海艺术博览会	12.3—12.6	6 400
34	中国好采购—年度精英会	12.11	2 000
35	Asics 21AW 新品订货会	12.17—12.18	1 000
36	2020 上海玖励仕国际亲子博览会	12.18—12.20	3 000
37	古北中央公园开盘	12.19	3 000
38	2020 上海国际茶·器生活博览会	12.24—12.27	4 500
39	2020 上海创意产业博览会	12.30—2021.1.1	5 200

上海汽车会展中心

序号	展会名称	举办时间	面积/平方米
1	科世达公司年会	1.11—1.12	7 000
2	2020 菲亚特克莱斯勒汽车年会	1.14—1.16	6 000
3	名爵 6 设计解析活动	5.29	4 000
4	汽车调研活动	6.11—6.19	4 000
5	2020 滴滴自动驾驶服务发布会	6.21	4 000
6	第十一届上海国际房车露营博览会暨上海国际自驾游与户外休闲用品展览会(春季展)	7.10—7.12	28 000
7	共轨之家新品发布会	7.28	6 000
8	八一建军节活动	7.31	6 000
9	TMC 第十二届国际汽车变速器及驱动技术研讨会	8.13—8.14	7 000
10	第十二届上海国际房车露营博览会暨上海国际自驾游与户外休闲用品展览会(秋冬展)	8.27—8.30	16 000
11	2020 世界智能网联汽车大会和第五届国际氢能与燃料电池汽车大会(FCVC2020)	9.14—9.16	5 710
12	第五届国际氢能与燃料电池汽车大会	9.14—9.16	10 000

续表

序号	展　会　名　称	举办时间	面积/平方米
13	2020 梅赛德斯—奔驰新 Actros 体验日	9.19	10 000
14	第十五届汽车灯具产业发展技术论坛暨第六届上海国际汽车灯具展览会	10.15—10.16	10 400
15	第三届长三角科技成果交易博览会	10.18—10.20	16 000
16	2020 中国汽车工程学会年会暨展览会	10.27—10.29	15 600
17	三区三市文艺汇演	11.5	2 000
18	第二届中国国际房车旅游博览会	11.27—11.29	16 000

上海农业展览馆

序号	展　会　名　称	举办时间	面积/平方米
1	2020 上海新春农产品大联展	1.10—1.13	7 500
2	2020 年中国农民丰收节上海庆丰收大展示系列活动	9.22—9.24	7 500
3	河南名特优新农产品(上海)展览会	10.11—10.13	5 400
4	2020 第十五届上海国际休闲水族展	10.17—10.19	5 400
5	第十八届江苏名特优农产品(上海)交易会	11.20—11.22	7 500
6	2020 年新疆名优特农产品上海交易会	12.17—12.21	5 400
7	第七届安庆名优农产品(上海)交易会	12.25—12.27	5 400

附录 2　长三角会展联盟行动计划(2020—2022)

长三角会展联盟秘书处

推动长江三角洲区域一体化发展,是习近平总书记亲自谋划、亲自部署、亲自推动的重大战略。为贯彻落实《长江三角洲区域一体化发展规划纲要》,助推长三角区域会展业更高质量的一体化发展,特制定本行动计划。

(一) 指导思想

以习近平新时代中国特色社会主义思想为指导,全面贯彻党的十九大和十九届二中、三中、四中、五中全会精神,坚持稳中求进工作总基调,坚持新发展理念,充分发挥好会展业的经济推动作用,促进长三角区域会展业一体化高质量发展。

(二) 发展目标

长三角会展联盟的发展目标: 打造长三角会展业产业品牌;联盟成员自律规范,优势互补、协同互助、资源共享,构建新型和谐的区域会展业竞合关系。

——推进区域内展会模式创新。顺应时势,开拓创新模式,积极运用信息技术,促进展会线上线下同步互动、相互影响,有机融合的办展新模式。

——倡导区域内绿色会展。积极倡导会展活动从筹办、组织、运作到设计布展的每个环节都呈现出生态、低碳、环保、节能理念，实现会展可持续发展。

——拓展区域内会展业国际合作。鼓励长三角会展企业加入高品质的国际会展组织，争取合作机会；加强与国际会展组织、跨国会展公司的交流合作，学习国际化的办展理念及办展经验，推动长三角会展业走向世界。

——探索智慧会展新业态。运用信息化手段整合各类会展产业链资源，开展服务创新、管理创新、市场创新和商业模式创新的新兴会展业态。

（三）基本原则

——服务大局。聚焦长三角区域高质量一体化发展这一国家战略，在加快形成以国内大循环为主体，国内国际双循环相互促进的新发展格局中，着力提升会展业对国际国内资源的配置能力，全力服务带动区域经济发展，进一步提升会展业服务国家战略的功能水平。

——共享优势。以长三角地区的领先度、辐射度以及长三角区域会展业的市场开放度，分享会展标准、企业资质、人才培养等方面的经验做法，实现优势互补、合作共进、提升会展业服务长三角共同发展的带动能力。

——追求品质。顺应新时代发展要求，对标国际，以更宽视野、更卓越要求，创建品牌展会、打造品牌企业、培育领军人才，放大会展业的引领效应和带动作用，提升产业发展能级，打造高质量发展标杆。

——合作共进。建立起长三角会展联盟常态化沟通机制，积极发挥三省一市会展协会的中介作用，促进政府、场馆、会展企业之间合作走向规范化、制度化，实现“共商、共享、共赢”。

（四）工作内容

——建立完善顶层设计。建立高效的沟通机制，定期召开联盟主席联席会议，研究长三角会展业联盟的发展战略；定期召开联盟秘书长工作会议，落实并执行主席联席会议的各项工作。

长三角会展联盟主席联席会议制定联盟战略决策，把握联盟发展方向，推动联盟各项工作措施落到实处。

——搭建信息交流平台。建立联盟微信公众号，每周推送 1～2 次。联盟成员应积极投稿，保证联盟成员间及时了解信息，加强互动，交流通畅。

——分享业界发展报告。长三角区域的会展场馆硬件设施和展览项目等软件资源，在全国会展业中具有举足轻重的地位。因此，每年编制长三角会展业发展报告，或发表多地会展业报告（白皮书），分享行业研究，为政府决策，为企业提供助力参考。

——加强人才培训。进一步发挥长三角会展研究院的作用，组建长三角会展业专家智库，整合国内外特别是长三角地区的"政产学研"资源，研究并制定长三角人才规划，联合打造国内最具影响力的会展研究智库和行业人才培养高地。

——统一资质评定标准。在长三角区域开展展示工程资质评审的基础上，探索并尝试制定统一企业资质评定标准，进一步规范区域内会展企业自律并提升综合管理能力。

——打造品牌展会。根据国家标准《经济贸易展览会分级与评定准则》，聚焦现代服务业、战略性新兴产业发展，开展长三角区域会展项目评估活动，积极引导区域内较高知名度和影响力的展会提升运营能力，打造一批具有国内外领先水平的顶级品牌展会。

（五）实施措施

——加强长三角会展联盟主席联席会议职能及秘书处作用，形成定期的会议机制，研究、商议、部署联盟的相关工作。

——发挥好长三角会展研究院的专家智库作用，开展长三角区域行业发展的课题研究，为长三角会展联盟高质量一体化提供决策参考。

——加快长三角区域会展人才培养，依托长三角会展研究院的专家师资等资源，针对行业发展需求，开展各类专题培训等活动，提升专业人才素质，加快区域内会展人才交流步伐。

——加强长三角会展联盟队伍建设，充实扩大成员队伍，积极倡导联盟成员遵守联盟章程，规范自身行为，共同维护长三角会展行业的健康发展。

——加大宣传力度，运用长三角会展联盟微信公众号等宣传平台，建立常态化信息交流沟通机制，积极宣传报道长三角区域会展业动态、创新发展、参访交流等，服务实体经济。